CONFESSO: HO GOVERNATO

GIOVANNI TOTI

CONFESSO: HO GOVERNATO

Dal ponte Morandi alla rinascita della Liguria: un modello contro l'ipocrisia della politica

Prefazione di
ALESSANDRO SALLUSTI

PIEMME

Pubblicato per

PIEMME

da Mondadori Libri S.p.A.

ISBN 978-88-566-9934-0

I Edizione ottobre 2024

Anno 2024-2025-2026 – Edizione 1 2 3 4 5 6 7 8 9 10

A mia moglie Siria, che ha saputo darmi torto, senza smettere mai di volermi bene.

Al presidente Silvio Berlusconi. Comunque vada a finire, senza di lui non sarebbe neppure cominciata.

Prefazione

Con Giovanni Toti, il governatore Giovanni Toti, ho diverse affinità, ma due in particolare. La prima è la passione per il giornalismo, la seconda è aver provato, sia pure in maniera meno drammatica di lui, cosa voglia dire perdere la libertà. Fui arrestato per una condanna inerente alla mia professione di direttore – omesso controllo – e trascorsi diverse settimane ai domiciliari prima di essere «graziato» dal presidente della repubblica Giorgio Napolitano, non certo uno a cui stavo simpatico, e poi anni dopo risarcito per ingiusta detenzione su sentenza della Corte europea dei diritti dell'uomo. Per carità, non è la fine del mondo, nemmeno del tuo mondo, sono conscio che nella vita possono capitare tragedie ben peggiori. Ma, detto questo, la perdita della libertà, per una persona non avvezza al crimine che sa di essere innocente rispetto alle accuse che gli vengono mosse, è un'esperienza tanto imprevista da costringerti a un lavoro che mai avresti pensato di fare: una ripartenza.

Ecco, immagino che questo libro sia il primo atto della nuova vita di Giovanni Toti. Quale sarà nei dettagli non lo so e forse oggi esattamente non lo sa neanche lui. Ma tra le righe di questo racconto risulta chiara una cosa: non finisce qui. Il sogno di cambiare in meglio la sua Liguria, ma più in generale questo Paese, in senso liberale, per Giovanni Toti – parafrasando un celebre testo di Indro Montanelli sulla repressione sovietica in Ungheria, *I sogni muoiono all'alba* – non è morto all'alba di quel 7 maggio 2024, quando fu arrestato in un hotel di Sanremo dove si trovava per impegni di lavoro.

Se cercavano una confessione piena e spontanea, ora i magistrati, che per anni gli sono stati subdolamente alle calcagna, ce l'hanno. Sì, Giovanni Toti confessa tutto: parole, opere e pure omissioni fin nei minimi dettagli, con pure aneddoti curiosi e a volte divertenti. Confessa di aver creduto che Bettino Craxi avrebbe potuto migliorare l'Italia, confessa di aver poi aiutato molto da vicino Silvio Berlusconi a riprovarci e in parte a riuscire a farlo, confessa che in ultimo ha scelto di mettersi in proprio – fu una delle sue non poche ripartenze – perché la gabbia in cui era finito gli impediva di essere ciò che è.

In questo libro c'è materiale sufficiente per aprire un grande processo, un processo riformista che finalmente condanni in via definitiva la politica ipocrita e a tratti vile che ha abdicato ai suoi poteri, quella giustizia che ha travalicato i suoi compiti producendo danni inenarrabili non solo a lui, l'ostilità preconcetta e ideologica che zavorra chi – nonostante tutto – ha ancora voglia e modo e mezzi per migliorare questa meravigliosa ma sciagurata Italia, il moralismo dilagante che soffoca le libertà a partire da quelle di fare politica e di fare impresa.

Insomma, questo di Giovanni Toti non è un memoriale né uno sfogatoio di lacrime e rancori. È un serio, coraggioso e documentato atto di accusa che travalica i confini di una regione e di un ingiusto fatto che lo sta riguardando. È un manifesto politico liberale che come tale andrebbe letto, studiato e preso molto sul serio.

Alessandro Sallusti

Introduzione

Da oltre trent'anni in Italia va in scena lo scontro tra politica e magistratura. O almeno così viene rappresentato. A ben vedere però non è esattamente così. È la politica, quasi di ogni colore, che ha combattuto contro sé stessa, cancellando strumenti a garanzia della propria sovranità e indipendenza costruiti in centinaia di anni di pensiero democratico. Certo, la magistratura spesso ha sbagliato, in buona e cattiva fede, ma è la politica ad aver approvato le leggi che hanno consentito tutto ciò.

È la politica ad aver costruito, mattone su mattone, il proprio discredito e con esso la propria prigione. Queste pagine spero possano servire come spunto per un'analisi di coscienza collettiva e un'inversione di rotta, indispensabile per l'equilibrio del Paese.

La politica, molte volte in questi anni, è stata prototipo di autolesionismo. Lo è stata quando ha avuto paura di assumersi responsabilità, scaricandole su altri poteri istituzionali, lo è stata quando ha inseguito piazze urlanti, credendo di blandirle e gestirle, salvo poi finirne vittima, lo è stata quando ha raccontato all'opinione pubblica ciò che voleva sentirsi dire, invece di spiegare ciò che andava fatto.

Quando la politica si è relegata a una posizione da follower, per dirla con i social, la classe dirigente di questo Paese ha smesso di essere leader.

In queste pagine ho provato a mettere insieme pensieri, talvolta scollegati, ma con un unico filo conduttore: l'analisi degli errori fatti, la genesi di quegli errori, la ricerca di possibili soluzioni.

Ovviamente ogni ragionamento parte dalla mia esperienza di vita. Quella difficile dell'inchiesta che sto subendo, quella dolorosa delle mie dimissioni da presidente della Liguria, ma anche quella piena di soddisfazioni di questi nove anni di governo e delle esperienze professionali vissute in precedenza.

Quello che racconto non è solo ciò che penso. È ciò che abbiamo vissuto e abbiamo provato a fare. E che non smetteremo di provare a trasformare in realtà.

Questa storia, la cui fine deve essere ancora scritta, comincia dieci anni fa. Determinanti furono le due persone a cui questo libro ho voluto dedicare. All'epoca, era la fine del 2013, ero direttore di due telegiornali di Mediaset, unico caso nella storia di una persona che diriga contemporaneamente due notiziari tv. Dopo una lunga carriera in Mediaset, dove sono entrato da praticante giornalista e ho svolto tutti gli incarichi possibili: cronista, inviato, curatore di programmi di Italia 1, poi vicedirettore della comunicazione, condirettore di *Studio Aperto*, infine direttore. A volermi tra i suoi giornalisti per primo fu Paolo Liguori, che mi assunse mentre dirigeva *Studio Aperto* e conduceva uno dei rari programmi garantisti della tv italiana, *Fatti e misfatti*, una scuola a cui mi sono formato per anni. Lui e la sua compagna Grazia Volo sono rimasti da allora un po' i miei angeli custodi e anche tra gli amici più fidati.

Fui scelto da Paolo dopo uno stage in quella testata, senza alcuna segnalazione o raccomandazione. E questo per me ha sempre avuto un gigantesco valore. Devo poi la mia carriera, oltre che al mio personale stakanovismo, a due persone: Mauro Crippa, direttore generale del gruppo, oggi ancora tra i miei amici più cari, e il presidente Fedele Confalonieri, a cui ho sempre fatto riferimento, cercando di rubare le doti di moderazione, equilibrio e capacità di ascolto. «Ognuno di noi è giusto che coltivi le proprie idee» era la sua principale lezione «ma non dimentichiamo che le nostre reti parlano al Paese e i consumatori che guardano la pubblicità hanno fedi politiche diverse; quindi, la polifonia è il nostro vangelo. Tutti devono riconoscersi in noi.»

Quando divenni direttore, cominciai a frequentare e sentire più assiduamente Silvio Berlusconi. Dirigevo quello che era stato il suo telegiornale di riferimento, il Tg4, il notiziario dove era nata la diretta delle reti del biscione, con Emilio Fede, durante la Prima guerra del golfo. Chi ha la mia età o giù di lì non può non ricordare il grido: «Hanno attaccato» che bruciò per la prima volta la concorrenza del colosso pubblico.

Con il presidente Berlusconi il rapporto si fece nei mesi sempre più stretto: io da sempre ammiravo la sua visione politica, lui, bontà sua, apprezzava la razionalità dei miei ragionamenti e la mia capacità di racconto degli eventi. Forza Italia viveva il suo primo momento di declino, legato anche alle vicende giudiziarie del presidente. Il governo Monti già finito aveva chiuso l'epoca gloriosa del Popolo della Libertà. Bisognava ripartire, ma nessuno, neppure Berlusconi, aveva chiaro da dove. Era il tema centrale di molte ore passate insieme.

Un pomeriggio di autunno inoltrato, fu il Cavaliere a rompere gli indugi, intuendo la mia cristallina passione per la politica. «Molla Mediaset,» mi disse «lì hai già fatto tutta la carriera che potevi. Vieni in politica con me, dove invece abbiamo ancora molto da fare e io ho bisogno di energie nuove per ripartire.»

Francamente era ciò che volevo, ma qualcuno doveva dirlo a mia moglie, che alla politica, da vera giornalista di famiglia, ha sempre guardato con sospetto e distacco. «Lo dice lei, dottore, a Siria?» Non se lo fece ripetere due volte, chiese alla segreteria di rintracciare mia moglie e la invitò a cena per la sera stessa. Io mi fermai con lui ad attendere l'arrivo. Devo dire che il tema fu affrontato e risolto in pochi minuti: «Come posso dirle di no, presidente,» disse semplicemente Siria «e comunque so che è quello che vuole mio marito».

Così è cominciata la storia che vi sto per raccontare, a cui in futuro – spero –, grazie anche a chi leggerà questo libro, potranno essere aggiunti nuovi capitoli.

1
Le mie prigioni

Tornare libero è un'emozione forte, credo che possa capirlo fino in fondo solo chi ha patito una privazione della libertà. E forse davvero lo può capire chi si è visto limitare la libertà senza comprendere fino in fondo il perché. Sono tornato libero il primo di agosto, quasi tre mesi dopo l'inizio della mia detenzione ai domiciliari, chiesta dalla procura di Genova dopo tre anni circa di indagini e firmata da un giudice, dopo quattro mesi di riflessione, giusto un mese prima delle elezioni europee. Nessuna considerazione in più, è un mero dato di fatto.

Per essere liberato ho rassegnato le dimissioni, cinque giorni prima. Irrevocabili.

Per la prima volta, a mia memoria, nella storia della repubblica, i magistrati hanno scritto esplicitamente, nero su bianco, che il ruolo di presidente di regione era incompatibile con le accuse mosse: si rischiava la reiterazione del reato. A nulla sono valse le nostre sin banali considerazioni circa il fatto che, dopo quattro anni di intercettazioni, pedinamenti, indagini a tutto campo, nessuno avrebbe potuto reiterare alcun reato. Non solo: nessuno dei coimputati occupava più un posto che gli consentisse di ripetere le stesse azioni. E ancora: visto che gli atti sotto inchiesta e i versamenti fatti da imprenditori al mio movimento politico sono considerati legali perfino dall'accusa, nessuno di noi sapeva di compiere un reato. Invece di organizzare un grande fratello giudiziario lungo quattro anni, i magistrati avrebbero potuto segnalarci ciò che a loro avviso poteva essere un reato tre anni prima.

Continuo a pensare di non aver commesso alcun reato e di aver semplicemente fatto politica e governato una regione, ma certamente, al primo avviso di garanzia, si sarebbe aperta la questione, molto tempo fa. Invece hanno atteso, sbirciato, spiato, e alla fine, quando la narrazione appariva soddisfacente, hanno umiliato per l'ennesima volta la politica. Almeno a mio modo di vedere.

Ma prima che continuiate, voglio dirlo chiaramente: questo non è un libro contro i magistrati che mi hanno arrestato, anche se a mio avviso hanno sbagliato. Questo è un libro contro la politica che ha consentito tutto quello che è accaduto questa estate in Liguria, e molto altro prima ancora. Una politica che, legge dopo legge, ha svuotato i poteri dei cittadini e dei loro rappresentanti. Una politica che per vigliaccheria e ipocrisia ha consentito a un potere dello Stato di poter fare la morale a un altro. E spesso la morale esercitata da un giudice si trasforma in penale.

Questo è il racconto dei pensieri messi in fila dal 7 maggio, quando i finanzieri mi hanno notificato il provvedimento dei domiciliari in un albergo di Sanremo, fino a oggi. In tre mesi, chiuso, senza poter parlare con nessuno, se non con la famiglia e con l'avvocato, ho avuto il tempo di ripercorrere questi ultimi nove anni, rimproverandomi alcune cose, provando un profondo orgoglio per altre. Ma a chi mi giudica ho solo una cosa da dire: scusate se ho governato.

Le mie prigioni sono state una bella casa, in mezzo al verde, alle pendici del bosco che salendo porta a Montemarcello, 300 metri circa sul livello del mare, vista sul Golfo della Spezia, luogo di vacanza per molti anni di Indro Montanelli. L'hanno comprata i miei genitori con i loro risparmi all'inizio degli anni Duemila, quando dalla Toscana si trasferirono in Liguria.

Doveva servire e serve per trascorrere il tempo della loro pensione, con mia sorella e mio nipote al piano di sopra. Non avrei mai pensato che quella casa sarebbe diventata una prigione, sia pure con giardino e cinghiali come vicini. Niente a che vedere con lo Spielberg di Pellico – ci mancherebbe – e fortunatamente neppure con una cella italiana dei tempi nostri, al centro delle cronache e delle polemiche di questi giorni per le condizioni dei detenuti. L'Italia ha l'indignazione facile per la giustizia ungherese, ma a ben vedere forse quella italiana è anche peggio. E non da oggi.

Dai terrazzamenti del giardino la vista abbraccia da Sarzana, con le sue colline coltivate a Vermentino e ulivi, fino alle Alpi Apuane, dove inizia la Versilia e dove ho vissuto fino ai diciotto anni, quando è cominciata la mia vita da adulto, a Milano, prima all'università, poi nel giornalismo. Subito sotto la casa scorre il fiume Magra, il confine naturale tra Liguria e Toscana, le mie due regioni della vita.

Da giornalista, di quel fiume avevo raccontato le alluvioni, da presidente sospeso dall'incarico ascolto i rumori che provengono dall'ultimo cantiere che sta per finire, dopo anni di lavori: un grande argine oggi impedirà al fiume di fare nuovi danni. Quei lavori non erano stati neppure progettati dalla mia amministrazione, ma da quella precedente, e sono ancora più orgoglioso di averli portati a compimento. Le opere pubbliche nel nostro Paese sono come quei fiumi africani che sgorgano impetuosi alla fonte e si perdono poi nel deserto, prosciugati dalla sabbia, senza arrivare al mare. Ogni gara di appalto è rischiosa, ogni variante porta dritti alla Corte dei conti o a una corte di giustizia anche peggiore.

Le regole che vorrebbero imporre logica al sistema pubblico assai spesso contraddicono il buon senso e non hanno come obiettivo quello di raggiungere un risultato. Il modello Liguria nasce proprio da queste considerazioni e il rumore della scavatrice di quel cantiere me lo ricorda ogni mattina.

Mettiamola così: la giustizia italiana ha prodotto vittime – tale mi considero – assai più scomode di me. Sono con la mia famiglia, anzi, come ha detto mio nipote, laureato in ingegneria nel trentesimo giorno dal mio arresto: «Zio, non siamo mai stati così tanto insieme in vent'anni».

È vero, prima il giornalismo, poi la carriera da manager della comunicazione, poi la direzione di due telegiornali, poi l'Europarlamento e la politica, hanno sottratto tempo a tutto e a tutti. Nel 2015 sono arrivato a Genova da presidente di regione, ma la strada più breve per tornare a casa ha sempre lasciato il passo a impegni più pressanti e, paradossalmente, sono stato anche più distante dalla casa di Ameglia di quando vivevo a Milano, a Roma o a Bruxelles.

In dieci anni avremo fatto sì e no dieci giorni di vacanza, mi ha sempre rinfacciato mia moglie, che oggi per starmi vicino fa la spola tra il suo lavoro a Milano e la casa al mare. A fine giornata mi fa l'elenco dei messaggi di vicinanza e solidarietà che ha ricevuto per me. Sono tantissimi, non ringrazierò mai tutti quelli che dovrei, ma vi do una notizia: la solidarietà non cancella il senso di ingiustizia.

Ho familiarizzato con Aroldo, il cane trovatello di mia sorella, mio compagno di selfie nei tempi migliori, ora diventato un vero amico con cui fare colazione.

Parlo di politica con mio papà, ottantacinque anni, salvato un paio di volte dalla sanità ligure – giusto per chi ne parla male –, vecchio socialista, poi sfegatato berlusconiano che, pur votandomi sempre, non ha mai capito fino in fondo il mio divorzio dal Cavaliere. E forse non ha neppure tutti i torti.

Alle ultime europee ha votato Salvini. Perché sulla politica si può talvolta transigere, sulle qualità umane no: Salvini, tra tutti i leader politici, è certamente quello che è stato più vicino a me e alla mia famiglia. Non tutti hanno avuto il suo coraggio di starmi così vicino. Ogni giorno una telefonata o un messaggio a mia moglie Siria. Mio padre, poi, pur di origini e cultura socialiste, prova una simpatia istintiva per il generale Vannacci. Non si rassegna al fatto che venga considerato un «provocatore» reazionario, quando dice cose che molti italiani ripetono ogni giorno nei capannelli al bar o in spiaggia. Alla sua età ha superato quel velo di ipocrisia che influenza un po' tutti noi.

Ci sono stati anche altri che mi hanno sostenuto e incoraggiato, magari quelli che non ti aspetti. Ministri come Crosetto, Nordio e Santanchè, Flavio Briatore, il mio straordinario staff e gli assessori della mia lista, che fuori, forse, hanno vissuto questa esperienza anche peggio di come l'abbia vissuta io, isolato, dentro casa. I parlamentari di Noi moderati, tanti colleghi giornalisti, da Nicola Porro, che ogni lunedì sera si occupava di me dagli schermi di Rete 4, ad Alessandro Sallusti, il primo che mi ha invitato a cena una volta liberato e di cui avete appena letto la prefazione, da Vittorio Feltri, il maestro di tutti noi, a Pietro Senaldi, che mi ha difeso con una grinta straordinaria. Tutti gli amici ed ex colleghi di Mediaset si sono dimostrati quella famiglia che ho sempre immaginato di avere oltre quella naturale. Oltre, ovviamente, al mio avvocato Stefano Savi che, come accade in molte occasioni come questa, è diventato confidente e amico. E molti altri ancora, soprattutto tanta gente comune, che neppure mi conosceva. Devo dire che i miei post, una volta finita la detenzione domiciliare, sono diventanti popolari come non mai.

In questi casi vedi davvero chi era al tuo fianco per amicizia, per convinzione, chi per sentimento, chi per convenienza. Ho scoperto di avere tanti amici leali, e di avere avuto accanto tante persone sbagliate a cui ho regalato una vita, e per questo mi hanno odiato. Si chiama «sindrome rancorosa del beneficato». Non si cura. E scopri anche un'altra cosa: alla politica italiana, e più in generale alla classe dirigente di questo Paese, mancano tante doti, ma una su tutte: il coraggio di affrontare le battaglie scomode. Perfino quando le ritiene giuste.

Insomma, mentre sono all'inizio di un libro che mi ripromettevo di scrivere da molto tempo, sono chiuso in casa agli arresti domiciliari. Non mi manca nulla per carità, c'è chi la stessa ingiustizia la vive o l'ha vissuta in carcere, e pregherei chiunque ne parla di immaginare cosa vuol dire sentirsi chiudere una porta alle spalle, non essere padrone del proprio tempo, condividere lo spazio intimo con sconosciuti e aspettare le decisioni di un magistrato che diventa la misura del bene e del male.

Diciamo la verità, la custodia cautelare in carcere (o meno) dovrebbe esistere solo per i recidivi con il pericolo di fuga conclamato. O per il rischio che uscendo qualcuno possa far male fisicamente a un altro. Ogni altra esigenza – inquinamento delle prove o reiterazione del reato – può essere impedita con misure alternative alla custodia cautelare. Soprattutto in casi come il mio, quando l'indagine dura da quasi quattro anni. Ma che vuoi inquinare le prove dopo mille giorni di telefonate e pedinamenti! Che reato puoi reiterare, quando, come nel mio caso, loro ritengono illeciti alcuni miei comportamenti, che io, al contrario, giudico addirittura un dovere politico. Un tribunale deciderà. L'opinione pubblica pure. Francamente la carcerazione cautelare non sarà servita alla verità e alla giustizia. Assai spesso la custodia cautelare è usata per qualcosa che non ha nulla a che vedere con il diritto, ma con la morale, la penitenza, la confessione. Ecco, a proposito del coraggio che manca, tutti ripetono questo concetto in tv, ma in parlamento non è ancora arrivata una riga di legge per cambiare le cose. Un solo ordine del giorno, coraggioso, del parlamentare Enrico Costa, uno dei rari e puri garantisti di questo Paese.

Comunque, almeno il carcere non è il mio caso, per fortuna. A me non manca nulla: la casa piccola, ma accogliente, la famiglia intorno, il giardino, il ping-pong. Non è vero, mi manca una cosa, mi manca moltissimo: comprendere il perché sia accaduto tutto questo.

Mi manca una ragione, anzi, mi sembra di essere piombato in un girone infernale, regolato dalla legge del contrappasso: io, che sono sempre stato accusato di non avere alcuna attenzione per il denaro, sono indagato per corruzione. Peccato che ogni euro raccolto legalmente sia stato altrettanto legalmente speso per la politica del mio movimento. Anzi, come mi ricorda sempre mia moglie, anche la liquidazione di Mediaset l'ho spesa per una campagna elettorale. Ero un giornalista, se non ricco, almeno benestante, oggi sono un politico assai più povero.

Sono stato accusato di aver agevolato imprenditori privati, io che ho sempre ritenuto di aver fatto troppo poco per aiutare chi vuole investire nel nostro Paese. Un'azienda non è un luogo di malaffare, è un bene pubblico per la ricchezza che produce, i posti di lavoro che offre, l'indotto che crea. Aiutarla passo dopo passo a realizzare i propri obiettivi, se legali, è un dovere della politica.

Eppure sono stato ai domiciliari per essermi interessato di pratiche che dormivano da anni. E uno degli imprenditori per cui mi sono informato era anche un finanziatore del mio movimento politico. Ad esempio, se aiuti con un contributo un sindaco in cui credi, non hai più il diritto di chiedere a che punto stia la pratica del tuo passo carraio. Una pratica legittima, beninteso, che magari qualche funzionario non affronta con la dovuta attenzione. E se il politico si informasse su quella pratica venderebbe la sua funzione. Scusate ma, mi viene da dire, allora che lo si elegge a fare un rappresentante dei cittadini se non può affrontare i problemi che gli sono sottoposti? Manca coraggio, dicevo, ma in cambio abbiamo posti in piedi per l'ipocrisia.

E ancora, sono stato accusato di aver preso voti da una lobby di riesini contraccambiati con una serie di favori. Per la verità, come vedremo, nessun favore. Ancora un contrappasso dantesco. Ma proprio io, sempre accusato di non tenere in sufficiente conto comitati, associazioni, gruppi e gruppetti che manifestano ogni giorno, per 380 voti su 380.000, avrei falsato la campagna elettorale? E uno dei principali accusati di questo paradossale voto di scambio ha pure dichiarato di non avermi mai votato!

Insomma, tanti errori ho fatto nella vita. Nessun reato ritengo. Le cose per cui oggi sono stato indagato le considero doveri, se posso, meriti. In questa pausa di riflessione, imposta dai Pm, ho cercato di ordinare tutti i pensieri che mi sono passati in testa in questi anni, affrontando momenti bruttissimi, come il crollo del Morandi e momenti bellissimi, come la sua ricostruzione, che hanno fatto fare un passo avanti alla mia Liguria. E vi anticipo la conclusione a cui sono arrivato: non è Giovanni Toti, è la politica tutta a essere chiusa in prigione, ormai da molti anni.

L'ipocrisia della politica

In Italia il peggior nemico della politica è la politica stessa, la sua ipocrisia, il suo opportunismo, la sua codardia, la totale assenza di etica della responsabilità. La politica spesso se la prende con la magistratura, che spesso sbaglia e ha sbagliato, in buona e cattiva fede, ma sbaglia applicando quelle regole e quelle leggi che negli anni i partiti, tramite il parlamento, hanno approvato.

Nei talk show televisivi ci si riempie la bocca della Costituzione, dell'equilibrio dei poteri, che dai tempi di Locke, Hobbes e Rousseau dovrebbe essere la stella polare di ogni bilanciamento democratico. Salvo poi averlo fatto a pezzi negli ultimi trent'anni. La politica, ritenendosi inadeguata, anziché migliorare sé stessa, ha rinunciato al suo spazio di manovra, affidandolo ad altri poteri dello Stato.

In primis ha rinunciato alle sue immunità, che da sempre garantiscono l'indipendenza e la tutela degli eletti dal popolo, fin dal primo parlamento inglese. Il sistema delle immunità è stato lanciato come uno scalpo all'opinione pubblica da una politica incapace di rivendicare la propria onestà, singolarmente e collettivamente. La criminalizzazione di un'intera categoria – usanza tipicamente sovietica – da noi ha spazzato via prima di tutto proprio le forze politiche che avevano difeso il nostro sistema dall'Unione Sovietica.

Un caso unico: il crollo del Muro di Berlino ha distrutto chi stava dalla parte giusta della storia. Ma quella politica si è distrutta da sola, con leggi fatte apposta per facilitare questo compito alla magistratura che, nel vuoto di potere, di morale, di responsabilità e anche di autostima della politica, si è arrogata un diritto di supplenza nel giudicare il bene e il male del Paese e dei suoi costumi.

Dopo le immunità personali sono stati spazzati via i soldi. Siccome una politica screditata da sé stessa arrossisce nello spiegare ai cittadini che i partiti costano, le campagne elettorali costano, i leader politici hanno bisogno di staff, abbiamo cancellato, nell'epoca dell'uno vale uno, anche il finanziamento pubblico, quello pagato dai cittadini con le tasse come costo della democrazia. E fin qui possiamo anche essere d'accordo. Allora i politici saranno finanziati dai privati, come accade nella più grande democrazia del mondo: gli Stati Uniti d'America. E le regole devono essere chiare.

Il principio del finanziamento privato, il suo meccanismo, è semplice: come l'elettore sceglie chi votare sulla base dei propri interessi e delle proprie convinzioni, così chi vuole può finanziare il politico che ritiene maggiormente in linea con gli interessi del proprio mondo o con le convinzioni morali del proprio credo.

In questo modo le forze economiche di un Paese sono chiamate a sostenere le campagne elettorali, senza vergognarsi di dichiarare i propri interessi. Se produco armi, finanzierò un politico che non vuole limitarle, se faccio il petroliere, chi non fa dell'elettrico la sua religione, se ho una compagnia di crociere, chi non ritiene quelle navi mostri che deturpano i mari. Potrei andare avanti a lungo con gli esempi. La campagna elettorale in corso negli Stati Uniti ce ne offre uno spaccato quotidiano. Questo sistema vale anche per i gruppi di interesse collettivi e organizzati: negli Usa raccolgono fondi per i propri candidati le associazioni per l'ambiente, i comitati per l'allargamento dei diritti civili, gli animalisti.

Ci sono solo due precisi limiti: la legalità degli atti prodotti dalla politica, ovvero, se la legge non consente una cosa, quella cosa non può diventare lecita a pagamento, quale che sia il sostegno che hai dato. Il secondo limite è forse ancora più importante per il meccanismo democratico: è la pubblicità di ogni euro o dollaro versato. In questo modo i cittadini, sapendo chi finanzia un certo candidato, sapranno come regolarsi: se sono favorevole a politiche rigorose contro il fumo o il gioco d'azzardo, non voterò un candidato che ha tra i suoi principali finanziatori le associazioni del tabacco o i gestori di slot machine.

Sono la democrazia e il suo meccanismo di formazione del consenso. Un elettore che ha importanti rendite finanziarie, ma non lavora, voterà per chi promette di non tassarle, mentre chi ha un reddito da lavoro e nessuna rendita, sceglierà chi vuole abbassare le tasse sul lavoro, magari aumentando per compensare appunto quelle sulle rendite.

In Italia tutto questo resta un'oscura nebulosa. Peggio, la politica ha prodotto una serie di leggi dove, come capita in Liguria, non solo il finanziamento è giudicato in modo discrezionale dai singoli giudici, ma perfino le promesse elettorali, sale di ogni campagna politica, si configurano come reato. Il reato in questione si chiama «voto di scambio». Pensate quanti presidenti americani avremmo processato mentre promettevano alle comunità latine, italiane, asiatiche scelte di cui avrebbero potuto beneficiare i loro membri: cittadinanza, permessi di soggiorno e di lavoro, istruzione, sanità.

In America i più grandi finanziatori non si nascondono, al contrario, vengono invitati, senza timore o inibizione, a dormire alla Casa Bianca o a Camp David con il presidente, addirittura nella camera che fu di Abramo Lincoln, un padre della nazione. O diventano ambasciatori, o direttori di grandi enti. È tutto pubblico, trasparente: i cittadini guardano, si informano, giudicano. Votano e scelgono.

Forse sono stato un po' pedante, ma proprio di questo siamo stati chiamati a rispondere dai Pm di Genova: di aver ricevuto contributi leciti e trasparenti. E, allo stesso tempo, di esserci interessati a pratiche economiche che riguardavano imprese della Liguria. Pratiche lecite e trasparenti.

Lo abbiamo fatto sia per i nostri finanziatori, sia per chi non ha mai versato un euro. Lo abbiamo fatto nella convinzione che ogni impresa che cresce produce ricchezza e lavòro per tutti. E questo è un interesse pubblico di cui la politica deve farsi carico.

Lo abbiamo fatto, ovviamente, solo per pratiche totalmente dovute e legali: quello che non è consentito, non lo è per nessuno: amici, elettori, finanziatori. La legislazione vigente, interpretata da una magistratura straripante, ha di fatto creato un'area grigia dove, se un imprenditore che lavora in un territorio finanzia un politico di quel territorio o che può avere influenza, diretta o indiretta, sulle attività di quel territorio, be', anche se non ha ottenuto nulla più di quanto dovuto potrebbe essere accusato di reato di corruzione. Si chiama «vendita della funzione». Ed è una norma che uccide la politica. Cioè dare risposte legittime dovute a un cittadino diventa reato se lo hai fatto per un signore che ti ha finanziato. Mentre la stessa identica cosa è legale se quel signore non ha mai dato un euro a nessuno. Nel Paese dell'ipocrisia solo chi gestisce le funivie delle Dolomiti potrebbe interessarsi alle politiche portuali della Liguria e sostenerle, mentre chi va per mare e gestisce banchine dovrebbe occuparsi solo di territori montuosi e privi di coste e di attracchi. Perché altrimenti rischi la galera. E pensare che finanziare i partiti, sempre per legge, è un atto benemerito per un cittadino, tanto che può detrarne i soldi dalle tasse.

Attenzione: dare del tu a un imprenditore, trovarsi a una cena di lavoro, parlarsi in confidenza al telefono può diventare prova stessa del reato, confermando l'immoralità e dunque la torbidità di quel rapporto. Anche se tutto avviene alla luce del sole e sotto gli occhi degli elettori.

Ora, con regole come queste, tutte da interpretare a proprio gusto o propria malizia, capite bene che tutti possono finire ai domiciliari, se sono fortunati come me, sennò in una patria galera. Se infatti un tizio finanzia un grande partito, che ha una ramificata rete di amministratori, che nomina membri negli enti pubblici, nelle agenzie governative, qualsiasi attività faccia, può essere un fuorilegge. Perché quel partito potrebbe influenzare la scelta di uno dei suoi molti dirigenti. Ed ecco dietro l'angolo l'accusa di corruzione impropria! Gli esempi sarebbero infiniti: ho fatto domanda per mettere distributori di bevande nelle stazioni ferroviarie. Chi nomina i dirigenti delle ferrovie? I partiti: reato! Ho un farmaco in approvazione, un'automobile da immatricolare sul mercato italiano, una cava di pietra da aprire, un palazzo da costruire. Da chi dipendono queste scelte? Dalla politica. Allora può essere reato! Chi influenza la politica? I partiti. E allora tutti sono sotto accusa a seconda dell'occhio di chi giudica. Perché se avete finanziato un partito siete già a rischio, anche se la vostra attività è assolutamente legittima.

La politica ha rinunciato al suo potere decisionale, imprigionandosi in una serie di regole che, applicate dalla burocrazia più bizantina dell'intero Vecchio continente, diventano al tempo stesso limite all'esercizio del potere e anche scarico di responsabilità. La politica ha rinunciato perfino a essere pagata con l'abolizione del finanziamento pubblico ai partiti, come se la democrazia fosse priva di costi, o appannaggio dei soli ricchi.

È accaduto per non aver trovato il coraggio di dire alle varie piazze urlanti – dalle monetine del Raphael ai vaffa di Grillo – che le forze politiche sono un costo connesso alla democrazia. Allo stesso tempo, ha approvato una serie di leggi che sembrano fatte apposta per giustificare questa assenza di autostima collettiva: faccio poco, rendo poco, pretendo poco e ho dato delega di controllare ogni cosa che faccio, perché non mi fido di me stesso. Ma i guai che la politica ha procurato a sé stessa non si fermano qui. Nella furia iconoclasta ha costruito un'altra serie di regole tali da limitare i suoi stessi poteri. Quei poteri che gli elettori, per la verità, gli affiderebbero con il voto per vederli esercitati.

La politica, con le sue leggi, si è ritagliata un ruolo da «sorvegliata speciale». Sono state elaborate infatti una serie di regole che limitano la capacità di scelta, e dunque anche la responsabilità di scegliere. E a molti va bene così. Devo scegliere un dirigente? Lo posso fare scegliendo solo negli elenchi che qualcun altro ha predisposto. Mi serve un esperto? Non posso scegliere quello più in sintonia con la mia visione del mondo, ma devi fare un bando pubblico e altri – una commissione anonima – sceglieranno per te. Sono banali esempi di come si sia rinunciato al potere di indirizzo politico, proprio degli organi elettivi.

Sugli appalti pubblici poi si è toccato il massimo. La visione di chi fa quel mestiere è chiara. Pietro Salini, amministratore delegato di Webuild, impresa che ha realizzato a tempo di record il ponte di Genova e sta costruendo la nuova grande diga del porto, ha un giudizio netto: «Negli anni passati il nostro Paese era leader europeo nel settore delle costruzioni» mi ha più volte raccontato nei nostri incontri. «C'erano decine e decine di ottime e grandi imprese, facevamo l'autostrada del Sole in pochi anni. Oggi» questa è la sua convinzione «siamo rimasti solo noi, che lavoriamo perlopiù all'estero, gli altri sono tutti falliti. Sono falliti non perché sono diventati incapaci, ma per le regole che la politica si è data sugli appalti, sulle gare, sui pagamenti. Pur di scaricare ogni responsabilità, la politica ha costruito un sistema che strangola le imprese. Basta che le forme siano salve, la sostanza non conta. Come il famoso medico che orgogliosamente diceva: “L’operazione è stata eseguita alla perfezione, il paziente purtroppo è morto”.»

E poi, decine di autorità, cosiddette indipendenti, che devono certificare la bontà delle scelte fatte, la loro congruità economica, la loro efficacia. Spero che vi rendiate conto che l’Italia è l’unico Paese al mondo in cui i rappresentanti dei cittadini, massimo potere in democrazia, devono giustificare le proprie scelte non ai cittadini stessi, ma a organismi selezionati al di fuori del mandato popolare. È il contrario del principio di democrazia, una sovranità sotto tutela, per volontà stessa dei tutelati.

Cambiare tutto questo non sarebbe difficile. Ma dovremmo cominciare con il cambiare noi stessi. La nostra mentalità. E per farlo esporci in prima persona. Ed è quello che abbiamo cercato di fare in Liguria, negli anni del nostro governo, che di tutto si può accusare tranne che di ipocrisia. E forse paghiamo anche quello.

Qualche risultato lo abbiamo ottenuto. Il 14 agosto del 2018 la regione, e con lei l’intero Paese, toccava uno dei punti più bassi e drammatici della propria storia. Nell’agosto del 2020 un piccolo miracolo era accaduto. Piccolo per il mondo, enorme per il sistema Italia. Anche da noi si poteva ricostruire in pochi mesi un’opera drammaticamente crollata. E anche da noi era possibile ridare fiducia e credibilità alla politica, una politica capace di scegliere e realizzare. Quell’arcobaleno che illuminò il ponte San Giorgio di Genova il giorno dell’inaugurazione, a due anni dal tragico crollo, fu un segno di speranza per alcuni, o, almeno, così fu celebrato. Per altri, evidentemente, fu una minaccia assoluta.

Il modello Genova non poteva essere il paradigma di un nuovo modo di fare le cose per tutto il Paese. Sarebbe stata una riscossa della politica, ma anche un’assunzione di responsabilità della stessa, che molti non volevano e non vogliono. Molta della politica, nella prigione in cui si è chiusa, si trova bene, in una sorta di *comfort zone*, da cui si fatica a uscire, anche se qualcuno ti indica la porta aperta.

Questa politica, attraverso la costante cessione di potere, si è autoconfinata nella marginalità, producendo un danno ulteriore: lo scadimento della classe dirigente del Paese. Se la politica non è una attività nobile e rispettata, ma anzi è guardata con disprezzo e sospetto, se non è una attività remunerata in proporzione alle responsabilità che deve assumersi, perché dovrebbe essere interpretata dalle migliori risorse umane del nostro Paese?

Di solito, nei sistemi democratici che funzionano, grandi professionisti, imprenditori, personalità della rappresentanza sociale, intellettuali, professori ritengono che dedicare un pezzo della propria vita al bene comune sia qualcosa di nobile e prestigioso. È stato così fin dall'Atene di Pericle, o nella antica Roma repubblicana. In Italia oggi è il contrario, ci si tiene lontani dalla politica, per evitare rischi e discredito. Come insegna anche la mia storia.

2
Il modello Liguria

Ora vorrei spendere qualche parola per tratteggiare gli elementi principali di quel modello politico con cui abbiamo cambiato la Liguria e sperato di accendere, da lì, una scintilla che potesse davvero dare un contributo per cambiare tutta l'Italia. Quello è il modello che oggi viene processato. Nelle cronache si è chiamato «modello Liguria». Molti lo hanno apprezzato. Certamente non tutti coloro che, camuffati da una cultura pseudoprogressista, si rifiutano di piegarsi a un cambiamento che mette in discussione le loro posizioni di potere nella Liguria postindustriale.

Due frasi semplici sintetizzano l'idea di quello che abbiamo voluto fare, meglio di qualsiasi altro ragionamento. La prima è del presidente che, più di ogni altro, ha lasciato una suggestione nella storia recente degli Stati Uniti d'America. Un presidente giovane, cattolico e progressista: John Kennedy, che non a caso ha lasciato la propria vita sull'asfalto di Dallas. Lanciando quella «Nuova frontiera» che fece sognare l'America, egli distrusse, con poche parole, un principio cardine di ogni politica di sinistra: l'idea che si possa ridistribuire la ricchezza prima che qualcuno l'abbia prodotta. Kennedy spiegò all'America che la cosa più importante è proprio produrre crescita e reddito, che, una volta ottenuti, si distribuiscono su tutti, anche sui ceti sociali più deboli, senza grande bisogno della politica.

Kennedy disse: «La marea fa salire tutte le barche, quelle più grandi e quelle più piccole». Dunque, il primo principio del nostro modello è far crescere l'economia e, in questo modo, far stare tutti un po' meglio. Una picconata a un vero e proprio dogma ligure, non estraneo al resto del nostro Paese, e che resta centrale, oggi, nella proposta politica del nuovo campo largo: l'Italia che promette tutto a tutti, senza pensare invece a chi fa che cosa.

La teoria dello sgocciolamento nella creazione e nella ridistribuzione del benessere e della ricchezza teorizza e pratica l'esatto opposto rispetto alle tesi della sinistra e del grillismo. La metafora della marea di Kennedy venne adottata da un altro presidente, di segno opposto, Ronald Reagan. E l'America conobbe un periodo di crescita senza precedenti. Negli stessi anni, i primi '80, con Margaret Thatcher, l'applicazione della stessa ricetta economica, puntata sulla competizione e sulla crescita, trasformò la Gran Bretagna da impero in declino in potenza finanziaria, turistica, commerciale del terzo millennio. Una ricetta semplice: agevoliamo l'impresa, trasformiamo l'ambizione di crescita del singolo in un traino sociale, riduciamo la spesa pubblica e affidiamo al privato quel che è possibile affidargli. La ricchezza prodotta si riverserà sull'intera società attraverso l'aumento dei consumi, dell'occupazione, delle nuove professioni.

Il secondo pilastro su cui abbiamo costruito la nuova Liguria del merito e delle opportunità ce lo ha lasciato in eredità Sergio Marchionne, il manager prematuramente scomparso dopo aver salvato la Fiat, diretta verso un rovinoso declino se non un fallimento. La frase è semplice come il pensiero che contiene, ma rivoluzionaria in questa Italia, e ancora di più in Liguria: «Viviamo nell'epoca dei diritti: diritto al posto fisso, al salario garantito, al lavoro sotto casa. I diritti sono sacrosanti e vanno tutelati, ma se esistono solo diritti senza doveri, di soli diritti si muore».

Non esiste, in altre parole, «il diritto di vivere in un mondo migliore scollegato dal dovere di costruirlo». Il merito insomma come base fondante della nostra società. Non tutto è dovuto, non tutto deve essere uguale per tutti. La vera uguaglianza è trattare in modo disuguale situazioni diverse: chi lavora di più non è un servo dei padroni bensì usa la sua libertà per guadagnare di più, risparmiare di più, consumare di più. La stessa libertà che consente a chi non vuole di non farlo.

Chi studia merita più di chi decide liberamente di usare il suo tempo per divertirsi con i propri hobby. Chi lavora la notte e il weekend merita più di chi non lo fa. A seguito dell'ambizione di una vita migliore di quelli che si impegnano tutta la società cresce. Sapete cosa c'è dietro il lamento, la rinuncia, il mugugno, come si dice dalle parti di Genova? La pigrizia. Non lo dico io, lo ha detto tante volte il mio amico Oscar Farinetti, inventore di Eataly. Chi lo conosce sa bene che non si tratta di un pericoloso estremista di destra!

Terzo e ultimo mattone filosofico del modello Liguria è la rivoluzione liberale legata alla discesa in campo di Silvio Berlusconi. Ne parleremo ancora a lungo perché questa avventura nasce a casa sua, nella famosa Arcore, una notte di aprile del 2015.

Non ci siamo ispirati al Berlusconi più sofisticato, quello che nel 1994 recuperò il pensiero liberale dalla soffitta dove lo avevano chiuso le due Chiese italiane, quella comunista e quella cattolica, come ricorda bene Paolo Del Debbio nel suo ultimo libro: *In nome della libertà*. Il nostro riferimento è stato un Berlusconi più semplice, quello che raccomandava a tutti di darsi obiettivi ambiziosi, di avere il «sole in tasca», il Berlusconi che rappresentava la fiducia nel futuro, la voglia di investire e di rischiare. Insomma, il dovere dell'ottimismo, quella voglia di emulazione verso chi ce l'ha fatta, che Berlusconi non ha solo predicato, ma anche incarnato. Caso unico direi in un Paese dove successo e ricchezza non sono mai stati guardati con benevolenza, bensì con sospetto.

Questa è l'architettura, semplice, del modello Liguria. Un modello dove l'impresa è amica, ascoltata, protetta se possibile, dove chi investe sa che la pubblica amministrazione, nei termini consentiti dalla legge, proteggerà e agevolerà il suo investimento, considerandolo un bene pubblico. Perché la ricchezza prodotta sgocciolerà su tutta la società. Un modello in cui il privato, là dove serve, può sostituirsi con maggiore efficienza al pubblico: nei servizi, nella sanità, nel welfare. Perché non è importante chi offre la prestazione ai cittadini, è importante che quella prestazione sia economica e di qualità. Chi oggi si straccia le vesti in difesa della sanità pubblica non ha l'onestà di dire che la maggior parte delle persone che si spostano dalla propria regione per curarsi sceglie ottimi ospedali privati convenzionati.

Il nostro modello usa la qualità come metro di misura per ridistribuire la ricchezza, e lo fa sulla base del merito, non attraverso l'appiattimento per legge del «poco a tutti». La qualità, il Made in Italy, il lusso, sono una grande macchina di opportunità. Per costruire uno yacht, per gestire un locale di livello, per un agroalimentare di eccellenza, e così via, servono professionalità preparate, ben pagate, e quindi risorse che si spostano e crescono. Tutte cose che certamente un'economia standardizzata e livellata non è in grado di generare. E siccome per i prodotti sofisticati i clienti sono disposti a spendere, e quindi distribuire la propria ricchezza, ma possono anche scegliere dove farlo, serve un sistema competitivo che li attragga in un luogo anziché in un altro.

Per questo è indispensabile essere competitivi. Essere un luogo attrattivo, ospitale, comodo e moderno dipende da una quantità di fattori materiali, ma anche da un atteggiamento di fondo. Certamente la qualità dell'ambiente è oggi un requisito irrinunciabile, ma la scelta dell'attrattività deve sbarrare la strada a un ambientalismo malato che ha assunto i paradigmi di una lotta di classe, al punto da considerare un rudere su una spiaggia un bene da tutelare, invece che da ristrutturare per farne un'attività economica. Il paesaggio, il mare, l'arte e la cultura non possono essere gli ingredienti di un nuovo pauperismo, ora che il comunismo è morto. Sono una risorsa da preservare, ma soprattutto una risorsa da valorizzare per creare opportunità di vita e di lavoro.

E già che ci siamo, è bene chiarire che il nostro modello prevede una politica che possa essere finanziata da imprese, professionisti, singoli o gruppi di cittadini senza costare nulla a tutti gli altri che non vogliono finanziarla.

Mi direte, perché provare a sperimentare tutto questo proprio in Liguria? Perché è una terra dove la retorica e la tradizione della sinistra sono così radicate dall'aver voluto acciaierie in riva al mare, camalli come lavoratori obbligatori per chi usa i porti, cooperative come modello di impresa politicamente accettabile. Ora dirò una cosa che culturalmente va fuori dalle mie radici, anche quelle di giovane socialista craxiano, prima che berlusconiano: mentre tutti i pensatori marxisti teorizzavano che il comunismo avrebbe prevalso nelle società operaie più avanzate (Gran Bretagna, Francia, Germania della Rivoluzione industriale), in realtà l'unico comunismo che prese il potere, con gravissimi danni, fu quello russo e cinese, in due realtà agricole, socialmente ed economicamente arretrate.

Per identità di ragionamento e di storia, sia pure al contrario, il neoliberalismo poteva attecchire in Liguria perché territorio più arretrato su questo fronte. La regione più ideologicamente permeata dalla cultura di sinistra, con le sue cooperative, l'industria di Stato e il sindacato un tempo tra i più potenti d'Italia, le sue feste dell'Unità e i suoi dipendenti pubblici, i circoli Arci, ormai pervasa da un inesorabile e triste declino, avrebbe potuto diventare la Florida italiana, la terra di elezione di una rivoluzione liberale e meritocratica, uno spicchio di America in Italia.

Dopo nove anni di governo i numeri ci stanno dando ragione: la Liguria cresce più della media delle altre regioni, la disoccupazione è dimezzata, il calo demografico che l'ha contraddistinta per anni si è invertito. La regione è diventata un luogo dove i capitali internazionali decidono di investire ed è tornata a essere una delle destinazioni di vacanza più importanti del mondo.

Che tutto questo fosse possibile non era scontato, al contrario. Dieci anni fa un solo politico credeva che si potesse davvero sfidare il Partito democratico più forte, radicato e incuneato tra i gangli del potere. E per di più raggiungere questo obiettivo in piena rivoluzione grillina, che proprio da Genova era partita. Quel politico era Matteo Salvini, e, per fortuna, contro il parere di tutti, una sera ad Arcore, pensai che avesse ragione. E ci diede ragione anche il padrone di casa, Silvio Berlusconi.

2015, il vento che cambia in Liguria

Dopo aver sommariamente illustrato le idee di base che hanno ispirato il modello che abbiamo cercato di realizzare in Liguria, vorrei parlarvi delle persone che per prime l'hanno ritenuto possibile. Perché – come si dice – le idee camminano sulle gambe degli uomini.

Il primo atto di questa storia ha come palcoscenico Villa San Martino, ad Arcore, Brianza. Un luogo simbolo della Seconda repubblica che ho frequentato per tanto tempo. Dopo la mia elezione al Parlamento europeo con 148.000 voti nella primavera dell'anno precedente, lì avevo trasferito il mio ufficio, quando non ero a Bruxelles o a Strasburgo. Come consigliere politico di Forza Italia, seguivo il Cavaliere là dove si spostava il quartier generale del partito, che poi coincideva con le dimore di Berlusconi: Arcore in Lombardia, l'altrettanto famoso Palazzo Grazioli a Roma. Quando, dopo i dissidi con il Cavaliere, abbandonai quegli uffici, lasciai lì anche un bellissimo quadro che mi aveva regalato mio cognato, pittore per passione. Mi piace pensare che sia finito tra le centinaia di opere conservate dal Cavaliere, anche se francamente non era il suo stile. Anche alcune delle mie cravatte preferite sono andate perdute in quel trasloco. Mi dispiace perché erano delle vecchie Marinella, comperate con i primi stipendi da praticante giornalista. Ne sarebbero venute molte altre, ma non con la stessa soddisfazione.

Torniamo sul palco del primo atto: la sala da pranzo della villa, dove tanta parte della vita politica italiana degli ultimi trent'anni è stata decisa o quanto meno ispirata.

Le cene a casa Berlusconi avevano tutte il medesimo rituale. Il Cavaliere raggiungeva dalle sue stanze lo staff convocato per la serata e si accomodava nel salottino accanto alla sala da pranzo per l'aperitivo. Il salotto, come la sala da pranzo, danno sullo splendido parco della dimora che fu dei marchesi Casati Stampa, e che, tanto per cambiare, costò anche un processo a Berlusconi, al suo avvocato Previti e compagni. La ritualità comincia dai posti a sedere. Berlusconi sul divano di spalle al giardino, all'ospite d'onore il posto più vicino, sul divano alla sinistra.

Il più alto in grado dello staff e dei collaboratori siede accanto all'ospite di riguardo, gli altri sparsi sulle poltrone lì intorno, mentre vanno e vengono, perché quelle sono riunioni operative, fatte di telefonate e documenti che arrivano dalla segreteria.

Tra crodini e qualche pizzetta si preparava il doppio menù di quella cena. Al desco pensava il cuoco Michele, secondo i gusti semplici della casa. Sulla scena, o attovagliati potremmo meglio dire, cinque persone: il padrone di casa, io alla sua sinistra, Mariastella Gelmini, all'epoca uno dei massimi dirigenti di Forza Italia, alla destra, di fronte Licia Ronzulli, collaboratrice del Cavaliere, già parlamentare europea nella tornata d'oro del Pdl, quella del 2009, e soprattutto in grande sintonia con il vero e unico ospite che contasse quella sera: il giovane segretario della Lega Matteo Salvini.

Il menù della politica quella sera erano le elezioni regionali. La Liguria in realtà era un contorno, perché nessuno in Forza Italia pensava che la regione fosse contendibile alla sinistra, che la governava da decenni. Solo il Tigullio, storica terra democristiana, e Imperia, feudo della famiglia Scajola, erano colorati di azzurro pallido, perché anche lì il centrodestra appariva in declino. L'anno prima era stata perduta Ventimiglia ed era crollata la roccaforte di Sanremo, vinta da un civico, Alberto Biancheri, che negli anni successivi avrebbe appoggiato la nostra amministrazione. Claudio Scajola stava vivendo una delle sue molte crisi politiche da cui, come l'araba fenice, si sarebbe risollevato tornando ad amministrare da sindaco la sua Imperia, per la quarta volta.

Il Cavaliere aveva sempre davanti a sé un telefono bianco, vecchio stile. La segreteria passava all'apparecchio i numeri richiesti. Un rapido giro di consultazioni con Genova aveva confermato quel che già gli avevo anticipato: non avevamo candidati da schierare. Sandro Biasotti, primo e unico azzurro presidente della Liguria nella tornata d'oro del 2000, aveva perduto due volte contro Claudio Burlando. Roberto Cassinelli, storico parlamentare genovese, non voleva sentirne parlare. Pensammo anche a Ilaria Cavo, notissima giornalista di natali liguri, assurta ai fasti di Vespa e Mentana dopo aver raccontato, in diretta per giorni, dall'emittente Primocanale, le drammatiche giornate del G8. Ma non viveva lì da anni, faceva un altro mestiere, non si era mai occupata di politica. Sarebbe diventata comunque, pochi mesi dopo, il nuovo assessore alla Cultura e Formazione professionale della regione Liguria, e poi parlamentare in un collegio mai vinto prima. Sembrava davvero una corsa in salita, senza chance di vittoria. E neppure di un'onorevole sconfitta.

Matteo Salvini, con una Lega in rapida ascesa, aveva già lanciato un suo candidato: Edoardo Rixi, giovane e rampante leghista di fede salviniana, vicesegretario del Carroccio nella nuova era postbossiana e postmaroniana. E chiedeva di andare avanti con lui. Questo era il tema della serata. Il tempo stringeva, perché di lì a poche settimane si sarebbero presentate le liste. Quella di Salvini a cena era un'analisi lucida, di chi gira tanto, parla con la gente, conosce i territori. In Liguria – sosteneva il segretario – si è chiuso un ciclo politico, legato a Burlando, D'Alema, al vecchio Pci padrone del territorio. La Liguria stava cambiando, molti non volevano più una classe dirigente che sembrava uscita dal secolo scorso e che vedeva un futuro nei modelli di sviluppo del passato, almeno per le proprie poltrone.

Il giovane nuovo capo del Pd, Matteo Renzi, aveva imposto con le primarie una candidata riformista, Raffaella

Paita, ma ne era nata una potente fronda interna con un candidato massimalista appoggiato da Sergio Cofferati, sconfitto ai gazebo. In questa fase sociale e politica potevamo avere le carte in regola per provare una spallata, ma l'unica che ci credeva e aveva una classe dirigente giovane e non compromessa in Liguria era la Lega, toccava a loro, sosteneva Salvini.

Il Cavaliere, come sempre, colse al volo la bontà del ragionamento, ma non voleva, per principio, cedere il candidato presidente anche per la spinta del partito, in cui – tranne io stesso e pochi altri – Salvini veniva vissuto col sospetto del nuovo barbaro che rompeva le liturgie consolidate della coalizione. In realtà, le romperà meno di quanto all'epoca sperassi. E poi c'era un corollario lucido che, come spesso è accaduto nella vita politica del Cavaliere, si dimostrerà il vero cavallo di Troia per espugnare la regione. Un concetto che avevo – me ne prendo un po' il merito – ripetuto come un mantra prima della cena: se si vuole vincere in una regione rossa, dovremmo avere un candidato di centro, in grado di sfilare alla sinistra gli elettori di mezzo, quei commercianti, artigiani, lavoratori del turismo, professionisti che non votano per gli estremi, che sono stufi di una regione che campa di retorica, pugni chiusi e bandiere rosse, ma che non voteranno mai a destra.

Così la nuova Lega avrebbe fatto il pieno di voti nelle periferie arrabbiate che avevano in Salvini un nuovo alfiere, contro gli immigrati, contro l'Europa dei burocrati e del capitale, contro la finanza mondiale. Ma non avremmo conquistato, come nel 2000, al culmine del successo berlusconiano, cuore e voti delle classi medie delle città. Senza il candidato giusto, nonostante le condizioni favorevoli, avremmo perduto ancora.

Salvini seguiva con attenzione il ragionamento, ma mancava un nome. Poi, in pochi istanti, tutto si risolse: dissi a Berlusconi di proporre il mio nome. Vivevo in Liguria da oltre dieci anni, lì viveva la mia famiglia di origine, ero eurodeputato del Nord-Ovest e la Liguria faceva parte di quel collegio. Il cavaliere mi guardò perplesso: ero appena diventato parlamentare a Strasburgo, avevo davanti quattro anni tranquilli. Solo un anno prima avevo lasciato la guida di due telegiornali Mediaset per fare politica. Lo sguardo del Cavaliere era uno sguardo di chi dice: allora i guai te li vai proprio a cercare.

Poi però fece il mio nome: «E se candidassimo Giovanni Toti?» Salvini mi guardò, stupito: «Lo faresti?» «Sì, Matteo, credo anch'io che sia l'occasione giusta per provarci.» «Allora proviamoci,» chiosò il segretario «datemi solo due giorni per parlare con i miei giù in Liguria.» Fu di parola: due giorni dopo mi chiamò mentre ero a Roma a una cena con giornalisti della stampa estera. «Tra cinque minuti» mi disse «dichiarerò che sei il mio candidato in Liguria, lo leggerai sull'Ansa, hai tempo per dirlo a Siria» (che lui conosce bene). Lo feci, avvertendo, trafelato, famiglia e staff a cui per scaramanzia avevo centellinato le informazioni. Non ci fu uno che pensò davvero che ci saremmo trasferiti in Liguria. Tutti pensavano che avremmo perso, avrei fatto bene la mia parte e avremmo ripreso un aereo per Bruxelles o per Roma entro un mese e mezzo.

E invece andò come Salvini e modestamente anch'io avevamo sperato e pianificato. Tutto il centrodestra si ritrovò nella mia candidatura, perfino il Nuovo centrodestra, che mai sarebbe sceso in campo al fianco di un candidato leghista, visti gli scontri cruenti tra il segretario del Carroccio e Angelino Alfano, allora ministro degli Interni attaccato per le ondate di immigrazione clandestina.

Il giorno del voto, domenica 31 maggio 2015, andai al seggio del mio piccolo paese, Ameglia, accompagnato da Giacomo Giampedrone, vicino di casa, sindaco della cittadina da un anno e protagonista assoluto di questa rivoluzione nel Levante ligure, oggi mio assessore da nove anni. Se la Liguria, terra di alluvioni e frane, oggi è un posto più sicuro, molto lo si deve a lui. Poi arrivò Berlusconi – e qui in paese ancora se ne parla –, accompagnato da Francesca Pascale, allora sua compagna di vita, dalla mia amica, allora come ora, Mariarosaria Rossi, assistente personale del capo. Il famoso «cerchio magico». In realtà se ne sarebbero succeduti molti di cerchi magici, come sempre avviene intorno al potere.

Non era un momento felice per il Cavaliere, condannato poco più di un anno prima in uno dei suoi molti processi, sempre finiti in nulla, tranne quello. Ed era stato espulso dal parlamento per una legge, la Severino, che ancor più della revoca dell'immunità parlamentare e del taglio dei finanziamenti pubblici ai partiti, giudico la resa della politica al moralismo e al giustizialismo più bieco. Quando Berlusconi fu espulso dal Senato per via di quella norma, Matteo Renzi, assurto ai vertici del Partito democratico, commentò: «Game over». Sarebbe diventato garantista più tardi nella vita, e, con il Patto del Nazareno, in qualche modo, e per suo interesse, recuperò nei confronti di Berlusconi. Ma durò poco come vedremo.

Mia mamma in quella occasione parlò con Berlusconi per la prima e unica volta in vita sua. Lui le raccontò di un libro che le aveva fatto avere con dedica da nave *Azzurra*, quindici anni prima, in cui le faceva i complimenti per il figlio, giovane giornalista Mediaset, profetizzandone un brillante futuro. Berlusconi poté così, con consueta modestia, affermare di non sbagliarsi mai nelle previsioni. Dopo un rapido menù di carne in riva al mare (perché il Cavaliere non mangiava pesce), consumato in un ristorante alla foce del Magra, Berlusconi tornò a Milano in elicottero. E noi tutti a Genova per una lunga notte di attesa e risultati.

Fu una notte indimenticabile, calda, infinita. Con una folla di giornalisti stupiti del risultato. Quando tornammo in albergo, al Bristol, a pochi passi dalla sede della regione, volevamo fare un ultimo brindisi sul terrazzo della mia camera, ma fummo redarguiti da un solerte portiere che ci avvisava che avevamo già fatto troppo rumore. Va bene la vittoria, ma il sonno dei clienti è sacro. Visto che i clienti pagano e siamo a Genova, dove questo conta molto! Allora, con una birra presa dal frigobar, ci mettemmo sul balcone a preparare la giunta, che sarebbe stata tra le più giovani d'Italia. Siria dormiva vestita sul letto, rassegnata alla sua nuova vita da pendolare tra Milano e Genova. Il sogno era diventato realtà: per pochi voti, però avevamo vinto noi. Le scelte fatte nel mese e mezzo precedente avevano trasformato una campagna elettorale persa in uno scrutinio vittorioso. Va detto, con un grande aiuto dato dalla sinistra e anche dai grillini, allora sopra il 20 per cento. Avevamo vinto. Ora bisognava trasformare quella vittoria in una formula politica di successo, altrimenti sarebbe stata la classica vittoria di Pirro. Negli anni successivi conquistammo Genova, Savona, La Spezia, Sarzana, città mai governate dal centrodestra nella sua storia, Prima e Seconda repubblica comprese.

E nel 2020 la coalizione, dopo cinque anni di amministrazione, fu confermata dai liguri con il 56 per cento dei consensi, contro il 39 della sinistra, schierata nel primo «campo largo» della sua storia. Poco si è parlato – forse non era interesse di molti farlo –, del fatto che in Liguria la coalizione di centrodestra vinse grazie alle liste civiche moderate, quelle Liste arancioni, che, nate ai tempi di Biasotti, abbandonate e resuscitate in qualche piccolo comune come Ameglia e Portovenere, oggi sono il primo gruppo politico della Liguria. Un po' come i cristiano-sociali bavaresi, la Csu, vicina ai cristiano-democratici di Berlino, ma gelosa delle proprie specificità.

Alle regionali la Lista Toti da sola fece il 22,6 per cento, poco meno della metà dell'intera coalizione. Quando, nel 2015, entrammo nel bellissimo palazzo di Piazza De Ferrari, il 70 per cento dei liguri viveva in comuni amministrati dalla sinistra. Quando ne sono uscito, non per mia volontà e mentre scrivo queste righe, oltre il 75 per cento dei cittadini vive in comuni amministrati da sindaci civici o di partiti alleati. Qualcuno potrebbe scrivere: la Liguria alla rovescia rispetto alla sua storia! Era nato un modello politico e quel modello doveva dimostrare di poter cambiare la regione e dare un esempio al Paese. Il peggio e il meglio sarebbero arrivati presto, entrambi al massimo delle proprie potenzialità. Che la storia ligure avrebbe potuto cambiare anche un pezzetto di storia italiana se ne accorsero, fin dalla prima vittoria nel 2015, tutti e due i protagonisti del momento: Berlusconi, allora mio principale alleato, mentore e sostenitore, e il suo massimo avversario, Matteo Renzi, la star politica di quegli anni. Io, in modo diverso, ammiravo entrambi e da entrambi presi spunto su molte cose.

Dopo la mia vittoria a sorpresa, ricordo il primo incontro con il Cavaliere, quando, dopo molti giorni di lontananza per la campagna elettorale, andai a trovarlo ad Arcore. «Ora» mi disse subito «hai le stigmate del vincente. Dovrai usarle bene, perché in Italia sono un'opportunità, ma anche un pericolo.» Poi mi diede la prima piccola delusione della nostra vita insieme: pur avendomelo promesso, non partecipò alla festa organizzata per la vittoria in un locale del lungomare di Genova. Non era un momento facile per lui, ancora sottoposto agli effetti della condanna del tribunale di Milano. L'evento fu organizzato in un giorno caldissimo e lui non stava bene. Tutto giustificabile, ma ci rimasi male lo stesso, quasi non volesse suggellare quel successo che era comunque stato conquistato, allora, anche a suo nome. Qualcuno, malizioso, scrisse che il Cavaliere non partecipava alle celebrazioni in cui non fosse unico e solo protagonista. Io non credo sia stata questa la ragione, ma la cosa mi lasciò l'unica nota di amarezza di quella straordinaria primavera. Non tornammo più sull'argomento, ma è un dato di fatto che nei mesi successivi cominciammo a capirci sempre meno. Berlusconi si era senza dubbio speso per la mia vittoria. La cosa nuova era che, per la prima volta, un uomo scelto da lui, cooptato da lui ai vertici della politica, non dipendesse più solo dal suo apprezzamento, ma avesse una propria personalità legata all'inaspettato successo elettorale.

Reagì al contrario Matteo Renzi, il segretario del 40 per cento del Pd alle europee dell'anno precedente. Per lui le elezioni liguri, che dovevano essere una passeggiata, furono il primo, piccolo, grande inciampo. Doveva vincere in carrozza e senza sforzo. Venne a Genova, mise la faccia in comizi affollati, in quel momento, anche da elettori moderati e di centro, che vedevano in lui la novità del momento. In effetti rappresentava quella novità: era un Blair italiano, in una sinistra che fino ad allora aveva sfornato solo leader massimalisti e ortodossi. Perse comunque. Due o tre giorni dopo il voto ero fuggito per un weekend sul Garda con mia moglie. Ero nel luogo che mi aveva già visto, al battesimo politico, l'anno prima, in tuta bianca insieme a Berlusconi. Il luogo dove spesso vado, senza esito, per perdere qualche chilo e riposare. Lì arrivò la telefonata del presidente del Consiglio Renzi. Lo avevo intervistato varie volte da direttore di Tg, ci conoscevamo. «Ciao, Giovanni. Mi girano le scatole perché sei l'unico che mi ha battuto negli ultimi anni,» disse «ma mi rincuora sapere che, per punizione, farai una vita terribile con tutti i guai di quella regione.» Poi decise che ci saremmo incontrati sul Bisagno, nel grande cantiere per la messa in sicurezza di quel fiume, il giorno dopo, per far vedere che le istituzioni collaborano a prescindere dal colore politico. Fu un bel segnale.

Mi toccò fare di corsa quattrocento chilometri per tornare a Genova subito e preparare l'arrivo del presidente del Consiglio. Saltò il riposo e rimasero i chili della campagna elettorale, ma il gesto fu apprezzabile e anche astuto. Renzi sapeva benissimo che molti elettori che avevano votato per lui l'anno precedente, anche moderati di centrodestra, avevano votato per me alle regionali. Con quella visita mise un pezzetto di cappello anche sulla nostra vittoria. In effetti faceva parte di quella ondata di nuovo che aveva portato in politica con la sua vittoria alle primarie.

Anche chi, come me, non aveva mai votato Pd in vita sua, provò uno stimolo nuovo in quella stagione. Ricordo benissimo l'8 dicembre 2013 – ponte dell'Immacolata e, a Milano, di Sant'Ambrogio –, quando Renzi salì sul palco avvolto dalle note dei Coldplay per celebrare la vittoria alle primarie. Ero nel mio ufficio da direttore del Tg4 sul laghetto di Milano 2. Quella diretta che stavo vedendo in tv non aveva il sapore del congresso di un partito, ma di cambio di stile, di generazione, di linguaggio. Se decisi di seguire gli inviti del Cavaliere e scendere in politica, un po' è dovuto anche alle suggestioni di quella sera e ai cambiamenti che portava con sé per il Paese.

In realtà quelle promesse e quelle suggestioni non andarono così lontano come allora avrei immaginato e perfino sperato. L'auspicio era infatti che, a fronte di una nuova sinistra moderna e riformista, anche la destra sapesse scuotersi e trovare un nuovo futuro. Non andò così: il renzismo fu travolto dalla conservazione, attraverso il referendum sulle riforme perduto, e soprattutto si accartocciò vittima di sé stesso, di quello stesso populismo che aveva nel Dna e che non aveva saputo trasformare in solido progetto di governo.

Con Renzi ci ritrovammo spesso. Molti anni dopo, una notte, appena passato Natale, ci vedemmo in una fredda e deserta Forte dei Marmi, per parlare dell'elezione del presidente della repubblica e di gruppi parlamentari da fare insieme. A Palazzo Chigi regnava Mario Draghi. Sulla politica aleggiava la suggestione di un nuovo grande centro da costruire tutti insieme, riformisti di destra e di sinistra.

Non costituimmo mai gruppi in parlamento e neppure eleggemmo il presidente che immaginavamo, ma per fortuna Sergio Mattarella accettò un secondo mandato. Con Renzi i progetti sono sempre ambiziosi, ma spesso si fermano prima di partire davvero. Osservando come è finita con Carlo Calenda, tutto sommato, meglio così, almeno per il passato. Ma questa è un'altra storia.

Un sogno di cambiamento

Per due volte, nella mia vita, il sogno di cambiare la politica si è materializzato a Genova. Genova è città di sogni e ambiziosi progetti, più ambiziosi e assai più importanti dei miei: il sogno di un nuovo mondo di Cristoforo Colombo, quello dell'Italia unita di Giuseppe Garibaldi, quello della repubblica e della democrazia di Giuseppe Mazzini, che oggi riposa nel camposanto di Staglieno. E il sogno realizzato di riscatto e libertà, che valse al capoluogo la medaglia d'oro per la sua resistenza al nazifascismo.

Ora parlo dei sogni miei, dei sogni minori, forse più coerenti con la minorità politica di questi tempi. La sorte ha voluto, però, che entrambi i miei sogni di cambiamento si collocassero geograficamente a Genova, città che ho sempre frequentato poco nella mia vita, prima di essere scelto dai suoi cittadini come presidente della Liguria. Ricordo, da bambino, qualche gita alla Rinascente quando la nonna era ancora viva. Un surrogato di Milano, più vicina a Marina di Massa, dove allora vivevo. Nella mia vita Milano e Roma sono state sempre più centrali. Lì ho studiato dopo il liceo, lì le prime fidanzatine, lì il lavoro a Mediaset, mia moglie. La Liguria è entrata nella mia vita un po' per caso tempo dopo, prima con la casa comperata da miei genitori per la loro pensione, con un piccolo appartamento dedicato a me – ve l'ho già descritta –, poi con il lavoro di mia sorella, a La Spezia, in un negozio, prima che io facessi il governatore. E dove continua a lavorare, a differenza di molti parenti illustri accomodati in enti pubblici, società partecipate o altre comode aziende di Stato, nelle quali la politica ancora possiede qualche entratura. Più a sinistra che a destra per la verità.

Insomma, a Genova sono sbarcato ormai in età matura, dopo quella cena di Arcore, quando decidemmo di provare davvero a vincere e cambiare quella regione. Ed è diventata decisamente la mia città. Si descrive scontrosa, più propensa al risparmio che all'impresa, diffidente verso i turisti e gli stranieri in generale, i «foresti». Ma è anche la città della prima banca moderna, il Banco di San Giorgio, la città che ha dominato il Mediterraneo da repubblica marinara, la più *british* delle città italiane. Riservata, diffidente, ambiziosa: sa riconoscere i sogni e sa anche dare fiducia a chi li propone. La fiducia che ha dato a noi.

Due sogni dicevo sono partiti da Genova e in qualche modo hanno segnato la vita dell'Italia e, molto in piccolo, anche la mia. Il primo, forse premonitore del secondo, salpò nell'aprile del 2000, su una nave del gruppo Grimaldi, prestata a un politico in cerca di riscatto dopo pochi mesi di governo, nel 1994, conclusi, guarda caso, con un'indagine della magistratura e una lunga traversata nel deserto dell'opposizione. Il politico era Silvio Berlusconi, che nel 1994 era sceso in campo e aveva vinto, tra la sorpresa di analisti e commentatori. La nave era *Azzurra*, la «nave della libertà». Con lei partì, per la seconda volta, il sogno berlusconiano di cambiare la politica e il Paese. E quel sogno travolse tutto, anche le regioni rosse, tra cui la Liguria, dove il primo governatore di centrodestra conquistò la maggioranza. Era Sandro Biasotti, ancora oggi un mio leale amico. E con quella esperienza nacquero le Liste arancioni, anche in questi anni il fulcro della maggioranza del mio governo. E quel colore fortunato, nato in quel lontano inizio secolo, per i moderati liguri è diventato palestra e casa di tanti giovani amministratori che hanno fatto la differenza. A raccontare ai telespettatori la partenza di quella nave, dal Porto antico di Genova, c'era un giovane giornalista Mediaset al suo primo incarico davvero importante. Ero io. Tra le tante cose importanti che ho fatto dopo, nave *Azzurra* ha un posto speciale nei miei ricordi: è in quel giro d'Italia, porto dopo porto, comizio dopo comizio, che in qualche modo si sono gettate le fondamenta della mia vita futura.

La passione politica, prima di tutto, che avevo coltivato in un'altra epoca e in una repubblica precedente, da giovane socialista, fu risvegliata da un uomo che, visto da vicino, non aveva eguali, e, almeno per ora, resta imbattuto, pur con tutti i suoi difetti. Fu una campagna elettorale diversa da ogni altra. Un leader in tuta blu, camicia oxford azzurra, scarpe da ginnastica nere, le Reebok di moda allora, sempre vestito uguale. Lo ricordo bene perché molti allora lo imitavano, come fu per le cravatte larghe di Agnelli. C'erano la banda ad accogliere la nave in ogni porto toccato e la scia di barche con bandiere tricolori a festeggiarne l'arrivo. L'immagine dell'allegria e dell'ottimismo. I bagni di folla, fino ad allora riservati solo a qualche rockstar o attore, mai a un politico italiano in quella forma. La comparsa della famiglia accanto al leader, in particolare mamma Rosa che, con la sua normalità piccolo borghese, il suo stupore per lo show messo in piedi e il successo del figlio, sottolineava meglio di qualsiasi ufficio stampa la storia straordinaria di Berlusconi.

Una storia di successo, che, almeno in teoria, poteva essere emulata da chiunque ci credesse davvero. E che poteva diventare il successo dell'Italia. Quella crociera partita da Genova, da quel Porto antico ristrutturato da Renzo Piano, che oggi sta concludendo il nuovo *waterfront* della città, costruito da noi per celebrare simbolicamente la nuova Liguria, finì a Venezia. E finì con il mio primo pranzo a tu per tu con Berlusconi. Altra tappa importante della mia vita. Ce ne sarebbero stati infiniti altri, ma quello lo ricordo come fosse ora: il Cavaliere invitò a pranzo i giornalisti che avevano seguito a bordo la crociera per tutto il viaggio. Io ero tra questi, non una prima firma ancora, ma una seconda fila. Ero uno dei molti, e tra i meno importanti, anche se Berlusconi ti chiamava per nome facendoti sentire qualcuno. Alla fine della colazione regalò a tutti il suo ultimo libro: *L'Italia che ho in mente*. Ricordo che gli chiesi una dedica con autografo, non per me, ma per mia madre. E lui scrisse: «Alla signora Chicca, con tanti complimenti per suo figlio, per la strada che ha fatto e per quella che farà». Con una frase fece contenti tutti: la mamma, ovviamente, me, ma anche il suo ego. Essere un giornalista Mediaset, l'azienda da lui fondata, era un successo nella vita. Dunque, Mediaset era qualcosa di speciale. Lo è davvero.

Un agosto di vent'anni dopo, in una giornata dal tempo incerto fino all'ultimo, quando spuntò l'arcobaleno per salutare l'arrivo del presidente Mattarella, il secondo sogno si materializzava. In questo secondo sogno avevo avuto un ruolo decisamente più centrale: l'inaugurazione di quel ponte San Giorgio che ricuciva la val Polcevera. In due anni avevamo rimosso le macerie, dato una casa agli sfollati, ricostruito il ponte, risarcito le imprese danneggiate da quel crollo. E di tutto questo avevamo fatto un simbolo: la Liguria non solo non era in ginocchio, tagliata in due da quella ferita, ma avevamo dimostrato che da una tragedia può nascere una nuova epoca. Quel ponte, nella creatività di Renzo Piano, ha tanti piloni disegnati come la chiglia di una nave. Per la sua apertura era illuminato con il tricolore, con la pattuglia acrobatica a salutare dal cielo il passaggio delle prime auto. Tutto realizzato da imprese e maestranze italiane.

Ho collegato due eventi lontani e diversi, ma non così tanto. Quel ponte, un po' come nave *Azzurra* tanti anni prima, rappresenta qualcosa di nuovo. Se non un sogno, un simbolo concreto di ottimismo e fiducia. Dimostra che anche un incubo può trasformarsi in qualcosa di diverso e positivo, una storia a lieto fine per una tragedia accaduta sempre in estate, il 14 agosto del 2018. Non era un esito scontato, al contrario. Pochi credevano che fosse possibile, ma l'ottimismo dovrebbe essere la prima virtù di chi si candida a governare qualcosa. Churchill divideva il mondo tra ottimisti e pessimisti: i pessimisti vedono in ogni opportunità una difficolta nascosta, gli ottimisti, invece, scorgono in ogni difficoltà, anche la peggiore, un'opportunità. Noi eravamo evidentemente tra questi ultimi.

La Liguria si prestava a questa rivoluzione, anzi, la voleva, tanto è vero che ci aveva fatto vincere, secondo le previsioni dell'amico Salvini e, cinque anni dopo, valutata positivamente questa politica, ci aveva confermato la fiducia con una maggioranza mai vista prima. È accaduto perché – credo –, per un territorio da molti anni un po' negletto, tenuto in disparte dalla sua classe dirigente impegnata a gestire declino e rendite di posizione, l'ambizione di correre collettivamente per essere tra i primi è un motore potentissimo. Una voglia di riscatto più forte della paura del cambiamento, per un territorio e una comunità che, al nostro arrivo, erano perfino scomparsi dai teleschermi del *Festival di Sanremo*, la principale manifestazione della regione, sponsorizzata allora dalla lontanissima Calabria.

Spesso chi parte più indietro, se ne ha la volontà, spicca un salto più lungo. E la Liguria era tanto indietro, senza un solo settore che primeggiasse per crescita e sviluppo. Con un turismo di prossimità che vivacchiava di un'offerta omologata verso il basso, residuale rispetto alle grandi destinazioni del mondo, trainate dai marchi che fanno il mercato. Zero promozione del territorio. Un'enogastronomia di qualità, ma senza ambizione, pur avendo tra le mani i migliori prodotti del mondo. Un'imprenditoria pigra, più concentrata sul risparmio che sugli investimenti, che si marcava a uomo per non far crescere il vicino, più che sviluppare la propria attività. Una chiusura complessiva del sistema economico, una sorta di autarchia, basta guardare al caso Esselunga, da sempre esclusa da un mercato poco competitivo per prezzi e offerta, dominato da soggetti locali, prima tra tutti la Coop. E ancora porti dominati da piccoli potentati locali, senza i grandi operatori della logistica mondiale. Eppure la Liguria è il primo sistema portuale del Paese. Oggi tutti gli operatori del mondo considerano indispensabile essere sulle banchine dei nostri porti. L'industria di Stato era in declino per reddito prodotto, ma cristallizzata nei suoi piccoli, grandi privilegi, sia di classe dirigente sia di rapporti sindacali. E poi vigeva una mentalità che considerava un territorio bellissimo come un bene di consumo proprio dei residenti, non un asset per produrre ricchezza, dunque crescita, dunque lavoro, dunque opportunità. Chissenefrega di avere i turisti all'isola Palmaria, chissenefrega di avere tante barche ancorate nel Tigullio: io, in quei luoghi, vado con il mio gozzo, con il traghetto, mi porto un panino, non produco lavoro per mio figlio o mio nipote, ma vivo bene con poco, come farà anche lui. Che è come dire: vivo male, non ho ambizione di migliorare, ma il buon Dio mi aiuta con un territorio bellissimo e un clima mite. Mi basta questo e non voglio dividerlo con altri.

A condire questa radicata attitudine al ribasso, possiamo aggiungere una diffusa sindrome Nimby, sigla in inglese che sta per *Not In My Back Yard*, ovvero, «non nel mio cortile di casa», ben presente in tutta Italia e per cui la Liguria non fa eccezione, anzi: tutti si lamentano delle poche infrastrutture, ma nessuno le vuole vicino a casa. Basti pensare che la cosiddetta «Gronda autostradale», la famosa nuova tangenziale di Genova di cui si parla da decenni, quando fu progettata, a forza di spostarla dai quartieri della città, comitato dopo comitato, ormai ha un tracciato che passa quasi in Piemonte e costerà miliardi per le sue gallerie.

La maggior parte dei cittadini però, a partire dal 2015, ha deciso di cambiare. Non ha seguito una classe dirigente che, toccato il fondo, si apprestava a mettersi a scavare. La maggior parte dei cittadini ha scommesso sul futuro, anche tra coloro che non avevano mai dato fiducia, prima, a una politica di stampo liberale. E non lo dice un presidente di regione che difende il suo lavoro, come ho già avuto modo di spiegare, lo dicono i numeri e le vittorie politiche: Genova, Savona, La Spezia, Sestri Levante, Sarzana e molte altre città hanno seguito, con nuove amministrazioni, l'impronta data dall'amministrazione regionale alla Liguria. Attenzione: si tratta di città che mai, dalla nascita della repubblica, avevano visto un governo diverso da quello della sinistra.

E, come ho avuto modo di accennare nei precedenti capitoli, i numeri della crescita economica e sociale ci stanno dando ragione. Ne riporto qui alcuni, certificati da uno studio Ambrosetti che ci ha aiutato in questi anni a mantenere la rotta e a confrontarci con il sistema economico italiano. La Liguria è la prima regione in Italia per il peso che la *Blue Economy*, voce che raduna tutte le attività che si svolgono per mare, ha rispetto al sistema economico nel suo insieme. È prima per container (Teu) movimentati nell'anno. È la prima regione per posti barca, la prima per approdi turistici, la seconda per porti e punti ormeggio e la seconda per numero di crocieristi. Siamo di gran lunga i primi per bandiere blu (nel 2024, 87 tra 67 spiagge e 16 approdi in 34 comuni diversi). Siamo la terza regione per chilometri di spiagge protette e la prima per superficie forestale. Abbiamo centinaia di primati gastronomici e siamo la prima regione italiana per il fatturato del settore della floricultura. Siamo secondi per l'età media dei treni circolanti sulla nostra rete e la terza per percentuale di occupati nel turismo sul totale.

Per qualcuno è addirittura un crimine, ma la cosa di cui vado più fiero è la coda di imprenditori fuori dagli uffici della regione, desiderosi di venire a investire in Liguria: nuove imprese, di servizi e tecnologia, logistica e crociere, nautica, nuovi alberghi, ristoranti, marchi blasonati che avevano sempre considerato la Liguria un territorio di serie B. La paura – si dice – è contagiosa, ma anche la fiducia lo è! Soprattutto se sostenuta da un marketing territoriale ottimista, anche questo considerato da qualcuno quantomeno inappropriato, come se infondere fiducia e promettere certezze fosse un reato.

Noi siamo riusciti a ridare fiducia alle imprese, perfino alle più maltrattate. Dopo le tasse e la guardia di finanza dell'epoca Monti, dopo i manifesti antiyacht dei comunisti, oggi la Liguria è la regione che produce più barche da diporto al mondo e il mercato cresce a due cifre. Per la prima volta si costruiscono nuovi porti. E per la prima volta dalla Francia gli armatori si spostano verso l'Italia, e non viceversa. E ogni volta che vedo uscire un giovane da quei nuovi cantieri navali, ogni volta che vedo un ragazzo che lavora a bordo di quelle barche, ogni volta che vedo un furgoncino consegnare la cambusa di prodotti liguri a quei natanti carichi di turisti, sorrido soddisfatto. Non per chi sta a bordo, che sta già bene di suo, ma per chi, grazie a quello scafo, ha una vita migliore e prospettive per il futuro.

Tanto ancora potremmo dire e diremo, ma tutte le piccole grandi rivoluzioni hanno un simbolo e un inizio, talvolta tragico, come nel nostro caso. Per noi è stato, purtroppo, il crollo del ponte Morandi e l'orgoglio della ricostruzione in due anni del nuovo ponte San Giorgio.

Ponte Morandi, morte e rinascita di una regione

Era il 14 agosto, cominciavano quel giorno le poche ferie promesse a mia moglie. Promessa che ogni anno, ormai da decenni, faccio alla famiglia e non mantengo. In realtà non ho mai amato le ferie: se ti piace quello che fai, ogni giorno hai soddisfazioni che ti ripagano più del riposo. Non solo, ho sempre ritenuto che nel lavoro e nella carriera paghino soprattutto due cose. La prima, esserci sempre quando ti cercano e per questo, da quando esiste il cellulare, non l'ho mai spento o abbandonato, neppure per dieci minuti. E invito a fare lo stesso i miei collaboratori, se sono persone serie e ambiziose. Non c'è nulla di più rassicurante per il tuo capo di sapere che ti troverà sempre al primo squillo.

La seconda cosa fondamentale: esserci quando gli altri non ci sono. Quando lavoravo nelle redazioni, a Ferragosto, Natale, Capodanno, Pasqua, io c'ero sempre. E in quei giorni, quando i colleghi più anziani e blasonati non c'erano, potevano esserti affidati servizi più importanti, quelli che in un normale giorno feriale mai sarebbero capitati a un giovane giornalista. È un modo per fare esperienza e fare notare il tuo valore. In realtà le mie sono sempre state ferie di lavoro. Nelle redazioni, da cronista o da direttore, nei giorni di festa, c'ero sempre. Con i miei capi a Mediaset, Mauro Crippa e Fedele Confalonieri, quando lavoravo per la comunicazione del gruppo; con il Cavaliere poi, ad Arcore, negli anni in cui le ferie altro non erano che una continua riunione di lavoro, magari nell'ameno scenario di Villa Certosa, e anche negli anni cupi della condanna, quando svolgeva i servizi sociali alla Sacra Famiglia di Cesano Boscone. Sarà per questo che nella mia vita amici e colleghi di lavoro coincidono da sempre, salvo rari casi. Anche mia moglie, per un lungo periodo, è stata mia compagna di lavoro. Il nostro matrimonio è nato in redazione.

È così anche da quando sono stato eletto presidente. In una regione dove l'estate è importante per l'economia del territorio, il governatore deve essere presente. Non puoi chiedere agli altri di lavorare di più, offrire più servizi ai turisti e ai cittadini, organizzare eventi, e poi scomparire. Devi essere attivo e presente. Le giornate estive sono dedicate ai sindaci e agli amministratori del territorio, alle visite nelle province e nei comuni, ai cantieri rimasti aperti per non perdere tempo prezioso, alle manifestazioni organizzate, alle processioni e alle tradizioni.

Quel 14 agosto 2018, avevo raggiunto, nella casa di Ameglia, mia moglie Siria. Clima incerto, pioggia. Un violento temporale si era abbattuto su Genova in quelle ore. E mentre mi lamentavo per il primo giorno di vacanza sotto l'acqua, ancora non sapevo che quel temporale avrebbe salvato, probabilmente, tante vite. Sono circa le dieci e mezzo quando con molto ottimismo indosso un paio di bermuda e mi accingo a raggiungere il bagno San Marco di Fiumaretta, lo stabilimento balneare di Davide Marselli, caro amico e sostenitore. È la sede estiva della giunta, come mi rinfaccia mia moglie, abituata a lunghi pomeriggi sola sotto l'ombrellone mentre io, trasferito l'ufficio di Genova a un tavolo del bar, sotto il dehors, incontro personalità del territorio, in una riunione continua e dall'ordine del giorno improvvisato. La differenza è data solo dalla divisa: via la cravatta, la vacanza si distingue dal look: polo e bermuda. Per il resto i ritmi sono gli stessi del lavoro.

Ma quel 14 agosto al mare non arriverò mai. In auto, diretto alla spiaggia, sto telefonando per gli auguri di Ferragosto e incombenze varie ancora in sospeso. L'ultima chiamata prima del parcheggio è per Giorgia Meloni, allora leader del più piccolo partito della mia maggioranza. L'anno prima l'avevamo ospitato nella nostra Lista arancione per le elezioni comunali di La Spezia, dove da solo, forse, non sarebbe riuscito a presentarsi. Ora sapete, mentre scrivo, dov'è Giorgia Meloni. Quella non era ancora la sua estate: si era da poco insediato il governo gialloverde dello sconosciuto «avvocato del popolo, Giuseppi Conte», e i dodici successivi sarebbero stati i mesi di Salvini e Di Maio.

Mentre parlo al telefono con Giorgia Meloni lo schermo della macchina con cui il telefono è collegato in vivavoce esplode letteralmente: sms, WhatsApp, chiamate che si sovrappongono. È il primo giorno di ferie, ho salutato lo staff solo da qualche ora, così come i colleghi di giunta e i dirigenti. Che cosa possono volere tutti insieme? Chiudo la telefonata con la Meloni, con la promessa di risentirci presto, e mi accingo a rispondere. La chiamata che proprio in quel momento illumina lo schermo è di Ilaria Cavo: «Ilaria, che succede, perché tutta questa agitazione in questa pigra giornata di piena estate?» chiedo. «Un disastro, è crollato il ponte Morandi.» «Ma come crollato,» insisto «sarà caduto qualche calcinaccio, un pezzo di guardrail al massimo. Ci sono feriti?» «No, è proprio crollato il ponte, tutto, ci saranno molti morti. Ti ho mandato una foto.» Sullo schermo del mio cellulare compare quell'immagine che poi sarebbe diventata famosa da lì a qualche minuto: il troncone di ponte sospeso e il camioncino in bilico sull'orlo.

Riesco a ricordare esattamente ogni istante di quei momenti, come nella scena di un film a rallentatore. Cosa feci, chi chiamai, dopo qualche istante di smarrimento. Non saprei invece ricostruire le mie sensazioni, anestetizzate dalla enormità di quanto accaduto, un evento inconcepibile. Ricordo di aver girato la macchina e fatto ritorno a casa mentre chiamavo l'assessore alla Protezione civile, Giacomo Giampedrone, per fortuna vicino di casa e di ombrellone nelle ferie. Già avvisato dalla sala operativa regionale era al corrente di tutto. Ricordo una jeep Renegade della regione che ci carica sotto casa e parte per Genova. Ricordo la prima, convulsa, telefonata con Giovanni Castellucci, allora amministratore delegato di Autostrade per l'Italia, società concessionaria del ponte, per cercare di capire cosa potesse essere successo. Ancora oggi, ahimè, non sappiamo cosa accadde esattamente. Ma conosciamo bene le conseguenze.

Ricordo le telefonate con gli ospedali perché fossero pronti ad accogliere i feriti. Purtroppo, ce ne sarebbero stati pochi. Chi era sul ponte non era sopravvissuto al crollo. Nella sventura una sola fortuna, se possiamo definirla così: la data della tragedia. Alla vigilia di Ferragosto le fabbriche e i laboratori della Val Polcevera erano per la maggior parte chiusi per ferie. Questo ha evitato che le macerie, cadendo, facessero una strage di lavoratori. E il temporale, di cui vi ho parlato, aveva scoraggiato molti, quella mattina, a mettersi al volante per una gita. I morti furono 43, un numero gigantesco, ma chi conosce Genova sa bene quali sarebbero state le conseguenze di quel crollo se fosse avvenuto in un qualsiasi giorno feriale, nell'ora di punta, quando sul ponte c'era una perenne coda immobile di veicoli.

Ancora telefonate, il governo da avvisare. Il primo ad arrivare fu Salvini, ministro dell'Interno, poi Angelo Borrelli, bravissimo capo dipartimento della Protezione civile, già in volo con un aereo da Roma appena saputa la tragica notizia. Quando con l'auto superammo l'uscita autostradale di Recco, l'ultima prima di Genova per chi proviene da La Spezia, ancora non sapevamo se la zona del crollo fosse raggiungibile, se fosse possibile un sopralluogo, per rendersi conto di persona. Decidemmo comunque di provarci. Anche il sindaco Bucci stava andando sul posto. Senza neppure parlarci, ai giornalisti già arrivati, nella confusione e nello sgomento di una tragedia di cui non conoscevamo ancora i contorni e le proporzioni, dicemmo la stessa frase: «Genova e la Liguria non sono in ginocchio, ci rialzeremo e ripartiremo più forti di prima». Era una promessa che eravamo ben decisi a mantenere, senza ancora sapere che quell'evento avrebbe provocato, sul territorio, una reazione di orgoglio e di impegno anche superiore a quanto potevamo immaginare.

Di sicuro ci mettemmo subito al lavoro per trovare soluzioni pratiche ai mille problemi. La notte stessa ci stabilimmo nel mio ufficio con il capo della Protezione civile Borrelli, il suo staff, l'assessore Giampedrone, il sindaco Bucci e tutti i miei collaboratori per gestire le notizie e per scrivere l'ordinanza che il Consiglio dei ministri avrebbe adottato, riunendosi a Genova in prefettura nelle ore successive. Un provvedimento che mi avrebbe nominato commissario straordinario per la Gestione dell'emergenza. Poi sarebbe seguito il commissario per la Ricostruzione, che sarebbe stato Bucci. Fu una notte faticosa e per certi aspetti illuminante di come funziona il nostro Paese.

In primis, pur avendo a disposizione il presidente della regione, il sindaco, e molte altre figure istituzionali, per gestire l'evento non si poteva fare a meno di nominare dei commissari straordinari. Prima o poi dovremmo interrogarci sul perché, per funzionare, il nostro Paese ha bisogno di figure emergenziali, anziché dare agli amministratori e ai governanti il potere necessario per fare le cose, sempre, non solo quando crolla un ponte. La nomina di un commissario somiglia a quella di un contratto a tempo determinato e non troppo lungo: per un po' di tempo, non troppo, perché avere qualcuno che decida e comandi in questo Paese viene sempre vissuto con il dovuto sospetto. E perché, come ho già detto, la politica non è portata ad assumersi responsabilità. Anzi, se può, le schiva proprio.

Il secondo tema lo pose il sindaco Bucci, tornato solo tre anni prima dagli Stati Uniti dove si era costruito una carriera da manager di successo durata un trentennio. La più banale delle osservazioni scattò, intorno alle quattro del mattino, dopo numerosi caffè e una infinità di arzigogoli normativi: «Ma perché» chiese Bucci, con candore del novizio «dobbiamo scrivere tutto quello che è consentito fare? Scriviamo ciò che non è permesso, il resto sarà tutto consentito. In America» ci spiegò «si fa così e direi che è prassi di buon senso». Fosse così facile, in Italia! Dicemmo al sindaco americano che in Italia, se non è proprio chiaro che una cosa è permessa, ci sarà la magistratura, il ricorso al Tar da parte di qualcuno, la Corte dei conti, che, anni dopo, ne chiederà merito, e, pertanto, nessun funzionario o dirigente si prenderà la responsabilità di agire senza una regola scritta e approvata che giustifichi i suoi comportamenti. Anche in emergenza, anche con le macerie ancora calde, l'autoconservazione prevale, ma è sicuro che aveva e ha ragione Bucci. Ancora una volta è una debolezza della politica italiana, che non cambierà davvero nonostante le tante riforme, fino a quando non modificheremo il principio della delega con cui, chi è scelto dai cittadini, può governare davvero.

Da questa considerazione nascerà un altro pezzo del «modello Genova» o «modello Liguria», fatto di coraggio di scegliere, compattezza delle istituzioni, comunità di intenti delle forze sociali, forse tanto scosse anche loro dalla tragedia da capire che non era il momento dei cavilli, dei distinguo, della visibilità, ma quello della responsabilità.

Ci volle comunque una legge: il cosiddetto «decreto Genova», che il premier Conte sventolò, quando ancora non era scritto, bloccato dai cavilli dei vari Toninelli, dal palco della commemorazione delle vittime in Piazza De Ferrari, un mese dopo la tragedia. A scrivere quella legge insieme a noi e a farla approvare in parlamento, superando la palude grillina, fu invece Edoardo Rixi nei mesi successivi, viceministro alle Infrastrutture ligure, poi costretto a dimettersi per il processo spese pazze da cui uscì completamente assolto. Oggi per fortuna è tornato a ricoprire quell'incarico. Grazie a lui riuscimmo a calmierare alcune delle peggiori follie di ministri come Toninelli e il suo «ponte con le altalene» che qualcuno ancora ricorderà tra lo sgomento e il sorriso.

Non mancarono anche in quella tragica occasione i momenti di scontro con la velleitarietà, l'inconcludenza e l'incapacità del mondo a Cinque Stelle, partito proprio da Genova per ribaltare l'Italia, salvo poi paralizzarla per inettitudine conclamata. Mi piace pensare che proprio Genova, che con Grillo aveva visto nascere quell'onda populista, abbia contribuito a sgonfiare quella stessa onda, dopo averli visti alle prese con i loro ministri in occasione di quella emergenza.

Un ponte tra due Ligurie

Tutte le grandi tragedie condensano al loro interno situazioni complesse che necessitano di scelte dettate dalle priorità. Ed è la politica a doversi assumere la responsabilità dell'agenda. Il crollo e la ricostruzione del ponte Morandi non fanno eccezione. Il dolore per le vittime, il sentimento di vendetta dell'opinione pubblica verso i responsabili. Ancora oggi, per la verità, quelle responsabilità non sono state chiarite in un processo ancora in corso. Il desiderio di rinascita, la necessità di non paralizzare la quinta città d'Italia e bloccare il primo porto del Paese, e con esso un pezzo importante della nostra economia.

Nelle giornate successive al crollo la cosa fondamentale era riuscire a convogliare tutte queste pulsioni ed emozioni verso qualcosa di concreto: la costruzione del nuovo viadotto. Indispensabile per risolvere tutti i problemi pratici, ma anche come simbolo di riscossa e rinascita.

Tutto questo dovevamo farlo attraverso un confronto politico inedito per il Paese: quello con il primo governo della repubblica a maggioranza Cinque Stelle, con un presidente del Consiglio al primo incarico, Giuseppe Conte, l'avvocato del popolo, con quelle ricette populiste che avevano portato al successo i grillini in pochi anni e in pochi mesi li avrebbero distrutti, messe alla prova dei fatti con uno *stress test* senza precedenti.

Non posso dire che fu un governo insensibile alla tragedia, assente o distratto. Al contrario, tutti compresero subito che quanto accaduto a Genova avrebbe influenzato l'intera legislatura appena cominciata. Con la Lega vi era un rapporto consolidato. Con Salvini passammo la sera di quel Ferragosto a Recco, dove il segretario della Lega ha da sempre una casa di famiglia per le vacanze. Focaccia al formaggio nella pizzeria, quasi deserta, di un militante locale del Carroccio. Io, mia moglie, Matteo, Edoardo Rixi, gli uomini delle scorte, pochi altri e poca voglia di parlare.

È difficile descrivere il clima di quelle ore. Come se il crollo del Morandi, circoscritto a Genova come effetti pratici, avesse lasciato attonite anche le migliaia di turisti che affollavano le Riviere in quelle giornate centrali d'estate. Silenzio, nessuna voglia di divertirsi. Un clima che avevo vissuto anni prima, nelle notti di terremoto in Umbria e nelle Marche, durante i miei servizi da giornalista.

La sera prima, come ho già accennato, avevamo lavorato al decreto che il giorno dopo avrebbe approvato il Consiglio dei ministri in prefettura a Genova, nominandomi commissario all'emergenza. Anche il primo ministro era già arrivato a Genova, ma nessuno lo aveva ancora visto. Neppure Salvini era riuscito a contattarlo. Un presagio di quella incomunicabilità tra i due che avrebbe portato, di lì a un anno, alla caduta di quello stesso governo. Per molti quella crisi, nell'estate del Papeete, fu un errore, per me no. Chi aveva vissuto intensamente il primo anno di quella maggioranza capiva bene le differenze profonde che correvano nella visione dei due partiti, Lega e Cinque Stelle, e dei rispettivi popoli di riferimento.

Sebbene Salvini avesse connotato la Lega delle origini con le sue nuove parole d'ordine, restava pur sempre figlio di quel partito pragmatico, legato al territorio, al mondo delle imprese e della produzione, che guarda ai fatti prima che alla teoria, attento alle tasche degli italiani, specie di chi si sveglia all'alba per lavorare.

I Cinque Stelle, accomunati alla nuova Lega salviniana solo da una affinità anagrafica, erano al contrario il partito dell'assistenzialismo, della rabbia sociale, del moralismo, del giustizialismo. L'esatto opposto dei valori coltivati dai *lumbard* nelle operose valli bresciane e bergamasche, dove, l'idea sola di pagare un reddito a chi non lavora mette i brividi lungo la schiena. «Uno vale uno» come dicevano i grillini, ma solo se lavora!

Nelle prime ore dopo il crollo, avevamo preparato i primi atti amministrativi per gestire l'emergenza: macerie da rimuovere e da depositare da qualche parte, alloggi per gli evacuati, quartieri della città da presidiare per evitare sciacalli nelle case sgomberate, sotto i tronconi del ponte, ancora pericolanti. E ancora, la rimozione dei rifiuti della città, visto che nel crollo era stata travolta anche una delle centrali di raccolta. L'apertura di nuove strade espropriando aree di porto – una delle più importanti, ironia della sorte, proprio di Aldo Spinelli, che anni dopo sarebbe stato indagato con me.

E poi, gli ospedali, che dovevano essere pronti per l'arrivo dei feriti. Uno, Gianluca Ardini, è diventato un simbolo suo malgrado di quel disastro: rimase ferito, appeso per ore, nel suo furgone in bilico sulle macerie finché non fu salvato dai vigili del fuoco. Quando andai a trovarlo in ospedale, al San Martino, incontrai anche la moglie. Non era lì al capezzale del marito, era lì perché qualche ora dopo avrebbe messo al mondo il loro primogenito.

Gianluca mi raccontò che era sopravvissuto, questa la sua convinzione, per il desiderio enorme di vedere suo figlio. Quando ebbero il secondo, ricordando quel momento, me lo portarono in ufficio in regione. Gianluca non ha più guidato un camion, non se la sentiva; ora ha un altro lavoro, in ufficio, una società della regione. Spero non mi indaghino anche per questo.

E tra le cose da organizzare subito, purtroppo, c'erano anche i funerali di Stato delle povere vittime innocenti. Un funerale rimanda a un evento intimo, fatto di silenzio e ricordi. Il funerale del 18 agosto fu qualcosa di necessariamente diverso. La rabbia della folla, insieme all'orgoglio e alla riconoscenza per i soccorritori, sottolineata dall'ovazione per i vigili del fuoco, al loro ingresso nel padiglione dove erano esposte le bare, arroventato dal sole di agosto.

Anche in quelle ore, uomini e cani erano al lavoro tra le macerie per cercare il corpo dell'ultima vittima, ancora disperso. E poi, le parole del cardinal Bagnasco, ultimo erede della grande curia genovese che fu di Giuseppe Siri, di Tarcisio Bertone, fucina di principi della Chiesa, oggi fuori moda nell'era di Francesco in Vaticano. Anni prima di quei funerali, Angelo Bagnasco aveva celebrato, a San Paolo Fuori le Mura, le esequie delle vittime di Nassiriya, essendo stato, nell'incarico precedente a quello di arcivescovo di Genova, ordinario militare. Fu su richiesta del cardinale che scegliemmo la fiera come luogo delle esequie: i feretri dovevano stare su un'unica fila. L'alto prelato, infatti, non dimenticava le bare di Nassiriya, disposte su più file per esigenza di spazio. Un'idea gerarchica della morte che aveva profondamente disturbato la sensibilità del prelato e dei familiari.

Raramente ho provato nella vita emozioni così forti come in quelle due ore all'interno del padiglione afoso e affollato all'inverosimile: 9.000 persone presenti, 438 testate nazionali e internazionali accreditate, le istituzioni tutte, a partire dal capo dello Stato. Tutto questo in un luogo allora desolato, anche per il paesaggio urbano circostante: la vecchia fiera di Genova in disfacimento. Lo sottolineo perché oggi, intorno a quel padiglione, sorge il nuovo quartiere del *waterfront* disegnato da Renzo Piano.

Raramente ho percepito sentimenti così forti, quasi violenti, che scuotevano dal profondo la massa radunata per l'ultimo saluto. Il dolore dei familiari e degli amici, il crollo di fiducia di tutti coloro che pensavano che sarebbe potuto toccare a chiunque di loro, in base alla sorte. Lo spaesamento per uno Stato che non era stato in grado di garantire la sicurezza di un luogo semplice, di uso comune, come un ponte nel centro di una città.

Poi, la rabbia verso i colpevoli, la voglia di giustizia, quasi sommaria, che ci faceva preoccupare anche per la sorte dei massimi dirigenti di Autostrade che avevano voluto partecipare all'evento, sia pure defilati. Ancora, la voglia di ritorno alla normalità, la voglia di riscatto insieme alla preoccupazione del tempo che sarebbe stato necessario ad assorbire l'urto, che quasi tutti valutavano molto lungo. Insieme alla paura delle conseguenze che tutto questo avrebbe avuto sulla vita di tutti i giorni: il proprio lavoro, la sopravvivenza delle aziende.

Ogni sensazione, ogni emozione che ho descritto sottende

a un bisogno a cui la politica deve saper dare una risposta, assumendosi la responsabilità di decidere la priorità di intervento e, possibilmente, affidando l'incarico a qualcuno ben preciso che risponda dei successi e dei fallimenti. Priorità e responsabilità divergevano profondamente tra la visione mia, che era anche quella di Marco Bucci, e quella del Movimento Cinque Stelle. Per i grillini ovviamente la priorità era utilizzare il ponte crollato come esempio e paradigma del marcio esistente nel Paese. Cavalcare la fame di giustizia, che dopo un dolore così destabilizzante si trasforma in desiderio di vendetta. Una giustizia popolare, che anticipa quella dei tribunali e dei magistrati. Non basata sui principi di diritto, ma sull'individuazione del nemico del popolo, a cui addossare la colpa del crollo, ma più in generale, la colpa di ogni ingiustizia, di ogni dolore e di ogni insoddisfazione.

Come affrontare l'emergenza, per il Movimento, era quasi secondario. Perché tema assai più complesso, ma soprattutto perché le soluzioni più rapide e pragmatiche confliggevano con il clima da processo di piazza da alimentare. In questo caso, per altro, il nemico da indicare alla folla era fin troppo visibile e sembrava fare lui stesso tutto ciò che poteva per aumentare il proprio discredito sociale. L'atteggiamento di Autostrade e dei suoi azionisti, la famiglia Benetton, nelle prime giornate dopo il crollo fu ai limiti del comprensibile. Feste a Cortina per Ferragosto, non una riga di scuse, una presenza distratta a sostegno di chi ne avrebbe avuto bisogno, dai familiari delle vittime, agli sfollati dalle case, ospitati negli hotel della città. Fin troppo facile bersaglio tanta incomprensibile arroganza per canalizzare l'odio.

Salire su un palco lanciando strali verso un colpevole così sguaiato è assai più facile che salirci per spiegare al mondo che le situazioni complesse e difficili non hanno mai una risposta semplice. Il compito di fare giustizia sarebbe toccato ai tribunali, a noi amministratori invece spettava quello di rimettere a posto le cose, in fretta e bene, parlando con tutti coloro che servissero allo scopo, fosse anche la società Autostrade stessa, che gestiva ancora, come concessionaria, tanti interventi necessari.

Allo stesso modo, è sempre complesso spiegare alle vittime e ai cittadini che il dolore non deve far dimenticare le nostre leggi, che la giustizia ha il suo tempio nei tribunali, non nelle piazze, che una società per azioni non è la stessa cosa rispetto ai manager che la governano in un dato tempo, che un grande gruppo finanziario come quello che governa le nostre concessionarie autostradali non riguarda solo i principali azionisti, ma il risparmio di decine di migliaia di persone, che in quella società, magari senza saperlo, hanno investito i loro soldi tramite un piano della propria banca, e che, paradossalmente, urlano di distruggere quel mondo senza rendersi conto che distruggeranno anche un pezzo dei propri risparmi.

Difficile spiegare che dietro un gigantesco contratto come una concessione autostradale ci sono enormi investimenti, fatti da fondi italiani ed esteri – che poi siamo noi e tanti altri risparmiatori –, e che quei fondi potrebbero decidere di dirottare altrove i propri soldi di fronte ad azioni sguaiate di una politica armata di forcone. Tutte cose difficili da affrontare già in una situazione normale, argomentazioni a cui la politica ha totalmente abdicato quando si ritrova davanti a un'opinione pubblica con il ciglio umido dalle lacrime e la mascella serrata dalla rabbia. Seguire la via breve e facile indicata dal ruggito della piazza o dai like dei social tuttavia finisce, nel lungo periodo, per deludere quella stessa piazza e quegli stessi follower. Non è un caso, che, alla fine di questa vicenda, il famoso esproprio proletario voluto dal Movimento Cinque Stelle di Autostrade alla famiglia Benetton, renderà ai Benetton stessi alcuni miliardi di euro. Soldi pagati con le tasse di quei cittadini che pure inneggiavano all'esproprio, senza comprenderne fino in fondo le conseguenze. Quanto al ponte crollato, per scelta del governo non fecero neppure la fatica di ricostruirlo.

È su questi temi che si consumò il primo scontro di obiettivi e di prospettiva, tra noi amministratori del territorio e il Movimento, con la Lega nel complesso ruolo del mediatore, consapevole delle ragioni che espongo, ma altrettanto convinta a non lasciare la piazza al dominio di Conte e compagni. Per la verità anche il premier, da avvocato, si rendeva conto che alle parole d'ordine dei vari ministri pentastellati non corrispondeva la realtà del diritto e neppure la possibilità di fare quanto si prometteva. Ma con un cinismo che avrebbe ancor meglio dimostrato negli anni a venire, decise che era meglio essere applaudito lasciando le delusioni del dopo a qualcun altro. Tanto in Italia i governi durano così poco e le responsabilità si intrecciano così inestricabilmente che è difficile poi attribuire meriti e colpe. C'è da dire che, a lungo andare, i nodi vengono al pettine: le delusioni elettorali di questi ultimi mesi, per il Movimento Cinque Stelle, forse nascono proprio dall'incapacità di dimostrare una cultura di governo cominciata in quei tempi ormai passati.

In questo clima da Guerra Fredda, a Genova, si combatterono per la prima volta queste due culture politiche, intorno alle macerie del ponte e ai temi più impellenti dell'emergenza: come ricostruire il ponte? Chi doveva farlo? Con che soldi? In questo primo scontro, persi la carica di commissario alla Ricostruzione, che i Cinque Stelle non vollero fosse affidata a me, troppo critico con il governo e soprattutto con la componente pentastellata dello stesso. Fu scelto, con una faticosa mediazione, il sindaco Bucci. Andava bene, anzi, sarebbe stato un capo cantiere ancora più solerte di me, con la maniacale attenzione al dettaglio che lo contraddistingue. E, affiancati come commissari – io all'emergenza e lui alla ricostruzione – avremmo fatto un ottimo lavoro di squadra. Come è stato. Ma resto convinto che senza alcune scelte folli dettate da una cinica ricerca di consenso sul dolore e la preoccupazione, oltre a una buona dose di ignoranza, avremmo fatto lo stesso lavoro in modo più semplice.

D'altra parte, bastava guardare come tante nazioni avevano affrontato situazioni altrettanto gravi. In quei giorni lessi e cercai di studiare come i sistemi più evoluti ed efficienti avevano affrontato tragedie come questa. Una su tutte, forse la più grande tragedia ambientale di tutti i tempi: l'esplosione e la conseguente fuoriuscita di petrolio dalla piattaforma Deep Sea Horizon della British Petroleum, nel Golfo del Messico, davanti alla Louisiana. Al catastrofico evento è stato dedicato anche un film, chissà mai se accadrà per il Morandi. Ora che ho più tempo libero resto a disposizione degli sceneggiatori. Tra le tante vicende italiane credo meriterebbe ricordare gli eroi di quei giorni, e anche gli sbagli fatti da qualcuno.

Era stata certamente una negligenza della compagnia quella del Golfo del Messico, comunque una responsabilità oggettiva. Cosa fecero allora gli statunitensi? Semplice, ordinarono alla compagnia di riparare i danni fatti, ripulire il mare, risarcire i danneggiati, con i loro mezzi, tecnici ed economici. Nel frattempo, un tribunale avrebbe cercato i responsabili, un'opera di giustizia che però non ha nulla a che fare con il rimediare al danno nel modo più rapido ed efficiente. In caso non lo avessero fatto, o non lo avessero fatto nei tempi e nei modi dovuti, le autorità federali si sarebbero sostituite, comunque a spese della compagnia petrolifera. Insomma, gli americani pragmatici applicavano il vecchio detto: «Chi rompe paga, e porta via i cocci». Questa era la soluzione più rapida anche per il ponte Morandi, ma si scontrava con il moralismo a Cinque Stelle che, paradossalmente, avrebbe esautorato la società Autostrade da ogni responsabilità pur di dire che non avrebbe ricostruito lei il ponte. E così, alla fine, il compromesso fu un commissario, una legge fatta apposta per stanziare le risorse per costruire il ponte, il famoso decreto Genova, l'esproprio del ponte, ma non delle altre autostrade, così da sollevare, paradossalmente, la società colpevole anche da ogni rischio legato ai lavori, tutto addossato al nuovo commissario.

Per poi ridare il ponte ad Autostrade, tutto bello e fatto, una volta finito. Quella che voleva suonare, nel racconto dei grillini e dei loro ministri, Toninelli in testa, come una punizione esemplare alla società era diventato il più grande favore di tutti i tempi a un gruppo finanziario.

Accadde esattamente un esempio di quello che ho cercato di spiegare nei capitoli precedenti, una eterogenesi dei fini: una scelta dettata dal moralismo appare giusta, ma produce in realtà guai e ingiustizie che vengono pagati dai cittadini. E spesso quegli stessi cittadini che hanno indirizzato la politica verso la scelta più sbagliata ne pagano le conseguenze. Al contrario, una scelta che può apparire ingiusta, talvolta anche un po' cinica, avrebbe prodotto un risultato più giusto, più rapido e meno costoso per i contribuenti. Quante volte il Movimento Cinque Stelle mi ha accusato, in quei mesi, di contiguità con la società Autostrade, gruppo con cui non avevo in realtà mai avuto alcun rapporto. La verità era che la mia soluzione, per Autostrade, sarebbe stata assai più costosa e scomoda di quella voluta da Toninelli e compagni, che ha tolto loro le castagne dal fuoco rendendo ancora più ricchi coloro che volevano distruggere. Nel nostro Paese le scelte moraliste, prese sull'onda dell'emozione, la cui fattura è tornata indietro ai cittadini affinché pagassero il conto, sono state tante e diverse, comunque dannose: dalla nazionalizzazione di Ilva che dopo dieci anni rischia il fallimento, alla cancellazione delle province, che, nella furia di risparmiare qualche poltrona e punire la cosiddetta «casta», ha distrutto il sistema viario e scolastico del Paese, al tetto degli stipendi pubblici, che ha fatto fuggire i migliori dirigenti verso il privato, all'Alitalia, la compagnia di bandiera venduta ai tedeschi pur di non assumersi la responsabilità di un faticoso risanamento.

Potremmo andare avanti a lungo, ad esempio sulla giustizia, le varie leggi che hanno distrutto la presunzione di innocenza, come la Severino, di cui ancora mi chiedo chi abbia decretato la costituzionalità. Le soluzioni diverse ci sarebbero sempre state. Ma una politica che negli anni è stata incapace di difendere sé stessa e il suo valore, piegandosi a ogni altro potere dello Stato e a ogni piazza, non è stata capace di fare le scelte giuste.

Eppure, nonostante le considerazioni di cui sopra, quel ponte, partito un po' zoppicando, per poi correre veloce, è stato l'architrave di quel «modello Liguria», o «modello Genova», capace di dimostrare che, anche con le nostre leggi complesse e talvolta assurde, la politica, se trova coraggio, può cambiare le cose. Soprattutto può farle.

Per una singolare concatenazione di tempi, nella stessa estate in cui si celebrava l'inaugurazione del ponte San Giorgio e il modello con cui era stato costruito diventava un esempio nel dibattito politico, i magistrati cominciavano a intercettare i telefoni e a indagare su quasi tutto ciò che stavamo facendo. Quasi ogni punto del nostro programma politico è diventato un capo di imputazione, tutto ciò che la maggior parte dei cittadini riteneva un merito, era diventato un reato. Il «modello Genova», da eccellenza amministrativa, doveva diventare un opaco mondo criminale. Davvero una strana inchiesta, direi uno scontro ideologico, prima che giudiziario. Perché ciò che io ritenevo – e ritengo ancora – un fiore all'occhiello del lavoro fatto in Liguria, di colpo diventava un'accusa a cui dovremo rispondere. Le stesse azioni che le opposizioni più retrive denunciavano con esposti e istanze a giornali come *Il Fatto Quotidiano*, *Il Domani*, *l'Espresso*, cioè le bibbie del giustizialismo italiano, si sono trasformate in inchieste di due procure.

Trasformare un'isola piena di ruderi e abbandonata dalla Marina militare in un sito turistico, una vecchia cava di pietra in disuso in uno stabilimento balneare con ristoranti e piscine in grado di far lavorare un centinaio di persone. Per me un merito, per i Pm un reato ascritto al sindaco di Portovenere, da cui dipende l'isola Palmaria. Ristrutturare alberghi che fino a ieri nessuno voleva? Reato. Informarsi di pratiche portuali legittime che dormivano da anni su qualche scrivania? Una colpa gravissima. Vedere se è possibile dare in concessione una spiaggia a chi ristruttura, con molte decine di milioni di euro investiti, una ex colonia per farne un albergo? Anche questa una operazione sordida e male odorante. Per altro, nel caso di specie, neppure ci siamo riusciti perché una legge, a mio avviso sbagliata, non lo permetteva. Allo stesso modo viene definito come un sistema criminale il nostro sistema di finanziamento della politica. Un sistema limpido, cristallino, pubblico, rispettoso della legge fino alle virgole. Addirittura, abbiamo spesso dato in beneficenza il denaro non speso per le campagne elettorali, tale era la nostra foga di arricchirci. Non importa però che tutto sia legale, atti amministrativi e donazioni, non importa che nessuno abbia usato un soldo per proprio tornaconto personale, basta avere buoni rapporti con l'impresa che ti finanzia, anche se questa non ha avuto vantaggi da quel rapporto, e sei un criminale lo stesso!

Vi spiego – per capirci – cosa può accadere in Italia: un politico parla a una platea di cento imprenditori del suo territorio. Gli chiede un sostegno per il proprio partito che guarda con attenzione alla crescita, allo sviluppo, al mondo di chi investe e crea lavoro. Promette che, grazie alla sua politica, tutti coloro che vogliono investire sul territorio avranno occhi e orecchie attenti, sensibilità, nessun binario morto. Un presidente di regione attento e disponibile ad aiutarli. Cioè quello che la politica promette quotidianamente, salvo semmai non farlo affatto.

Bene, al termine del comizio, la metà di questi imprenditori – cinquanta – convinti dalle parole del politico, daranno un proprio contributo economico nei termini di legge al suo movimento. Gli altri cinquanta decideranno, legittimamente, di non farlo, di non versare un euro. Il giorno dopo, uno degli imprenditori che hanno sottoscritto un contributo si reca dal politico, chiedendo di dare seguito alle sue promesse e di interessarsi, sempre nei termini di legge e ove possibile, di una sua pratica che langue in qualche ufficio, ribadendogli, ovviamente, il suo gradimento e il suo sostegno. Il politico ovviamente si attiva come promesso, si informa, chiama l'imprenditore spiegandogli come stanno le cose. E per tranquillizzarlo. Stessa scena, poche ore dopo: un imprenditore tra coloro che non hanno dato alcun contributo, va a sua volta dal politico per chiedere informazioni di una pratica analoga o simile. Il politico, allo stesso identico modo, si informa, telefona, sollecita. Trattati allo stesso modo ma – attenzione bene – colui che ha dato il contributo è accusato di corruzione e il politico di essere corrotto, l'altro, quello che nulla ha dato, è perfettamente in regola e il politico pure. Dunque, finanziare i partiti, così come consente, anzi, auspica, la legge italiana, è un reato. Peggio: se aiuti la politica perdi il diritto di chiedere quanto ti è dovuto. E se accetti finanziamenti, perdi il diritto di svolgere il tuo ruolo di politico.

Questa è l'ipocrisia italiana. Vedremo se qualcuno vorrà finalmente battere un colpo e metterci mano.

Sempre per quanto riguarda l'inchiesta che ha investito praticamente tutta la nostra politica, una particolare attenzione merita l'aggravante mafiosa circa il voto della comunità riesina di Genova, addebito rivolto dai magistrati a un mio collaboratore. La pericolosa cosca, il giorno dopo le elezioni, siccome rappresentata da due fratelli un po' folcloristici e invadenti, venne bloccata su WhatsApp, bannata dai social e nessuno rispose più al telefono. E la temuta cosca cosa fece? Be', mise un po' di broncio, stando alle imponenti intercettazioni svolte. Sparlò un po' nei bar del quartiere e si ritirò in buon ordine senza aver ottenuto nulla. Tipici strumenti di ritorsione e pressione mafiosa! Mi raccomando, se qualcuno tentasse con voi un'estorsione, bannatelo dai social e tutto si sistemerà subito, è risaputo.

Ma torniamo indietro nel tempo, al nostro ponte San Giorgio, nato anch'esso tra qualche ipocrisia di troppo, ma divenuto comunque un simbolo potente della capacità del nostro governo e un esempio da seguire anche fuori dalla Liguria. Forse, per qualcuno, un esempio fin troppo ingombrante, da distruggere e dimenticare il prima possibile. Perché, se qualcuno ha esaltato quel sistema, fin dall'inizio molti altri lo hanno guardato con vero sospetto, quasi con paura. Le opposizioni di sinistra hanno candidato alle varie poltrone da sindaco della Liguria tutti gli avvocati che hanno trovato tra coloro che hanno presentato ricorsi contro le nostre infrastrutture. Le *authority* hanno aperto ogni tipo di indagine, dalla grande diga del porto di Genova a scendere, quasi fossero indignate di un sistema che prediligeva la sostanza del fare alla pura formalità dietro cui spesso si nasconde l'immobilismo. I comitati del no in Liguria sono fioriti e si sono moltiplicati spaziando in ogni settore.

Molti nel nostro Paese vorrebbero che le cose cambiassero, molti altri no. E tra questi ultimi, temo anche molti poteri dello Stato.

Cambiare si può, o si potrebbe…

Può un ponte, neppure tanto lungo e alto, diventare un simbolo di rinascita? Può un'opera pubblica trasformare un sentimento di cupo pessimismo in un moto di fiducia e speranza nel futuro? Decidemmo subito che poteva essere così e che dovevamo provarci in ogni modo. Perché le aspettative della gente sono la principale benzina per spingere la ripartenza dopo un momento difficile. Quali erano le condizioni perché, con le lacrime ancora calde per le vittime e l'Italia intera sotto choc per le immagini delle macerie, un ponte potesse diventare un simbolo?

Per prima cosa smentire la leggendaria e temibile trappola della burocrazia, che rende ogni cantiere un'odissea per la pubblica amministrazione. La maggiore paura era, infatti, legata ai tempi di realizzazione del nuovo viadotto. Una paura non da poco: per chi non conosce Genova, l'autostrada, di cui il ponte Morandi faceva parte, è una delle poche arterie che collega da est a ovest la metropoli, costruita in lunghezza, parallela al mare. Poi era necessario che quel ponte fosse bello e soprattutto ispirasse sicurezza, cosa che il vecchio Morandi non aveva mai fatto. Ancora, doveva essere qualcosa di non anonimo, ma riconoscibile nel mondo. E poi che fosse italiano, in ogni sua parte. Se l'Italia aveva saputo fare tanto male a sé stessa, lasciando che un viadotto si sbriciolasse, doveva dimostrare di saper curare le sue ferite con le proprie forze.

Le leggi bizantine del nostro Paese consentono in realtà tante diverse possibilità per chi abbia voglia di fare le cose. Non è vero che tutto è impossibile. Inutile dire che la pubblica amministrazione, se può, non sceglie mai la via più semplice e breve, ma quella che maggiormente tutela chi ne fa parte ed è chiamato a decidere. Si chiama paura della firma: il terrore di trovarsi a giustificare le proprie scelte in procura, o nel minore dei mali alla Corte dei conti, o davanti a qualche altro organismo di controllo dei molti che abbiamo inventato. Tutte strutture che nelle loro verifiche non guardano mai il risultato, ma le forme e l'iter seguito. In Italia la forma vale più della sostanza. Questo è ormai un male endemico del processo di decisione. Quindi, meglio dare spazio a gare anonime, a commissioni che scelgono senza tenere conto degli obiettivi, anziché rovinare la propria vita per giustificare le scelte fatte, anche se hanno portato a un risultato migliore. Perché avete speso di più, pur di fare più in fretta? Perché avete scelto proprio quel fornitore? Queste sono domande a cui un amministratore può essere chiamato a rispondere. E le risposte, che sarebbero in sé banali, se non corrispondono alla forma, banali non sono affatto.

Pensate che appena eletto governatore avrei voluto animare la piazza centrale di Genova con una grande mostra di Botero, il famoso scultore colombiano universalmente noto per le gigantesche opere in bronzo *oversize*, simbolo di opulenza. Un funzionario regionale venne da me e sostenne che avremmo dovuto fare una pubblica gara per scegliere le statue! Ma chi altro avrebbe potuto fare un Botero, se non Botero stesso? Ma era solo la prima delle molte follie che avrei incontrato in nove anni di amministrazione. Qualcuno volle indagare sulla decisione di affidare alla produzione di Canale 5 il Capodanno della Liguria, trasmesso in tutte le case degli italiani. Una delle operazioni di marketing di cui vado più fiero. L'ipotesi di reato? Turbativa d'asta, come se in Italia vi fossero molti Canale 5 e noi avessimo falsato la concorrenza per affidare l'evento a uno di questi, danneggiando gli altri. Per fortuna gli italiani hanno il telecomando, sanno che il tasto numero 5 è uno solo, e di quella inchiesta, almeno per ora, non sappiamo più nulla. E il Capodanno Mediaset è tornato a Genova più volte. E Genova oggi è tornata a essere una delle città più visitate dai turisti. Per cultura generale, vi invito solo ad andare a vedere, su YouTube, l'idea del Capodanno in piazza e della pubblicità del territorio che avevano i nostri predecessori: don Gallo, fumogeni, tamburi, centri sociali e l'immancabile *Bella Ciao*, al posto della Panicucci, Annalisa e Albano e i ragazzi di *Amici di Maria De Filippi*. Ognuno ha i suoi gusti, ci mancherebbe altro, ma promuovere il turismo di un territorio ha le sue regole. E Canale 5 sa cosa deve trasmettere per farsi guardare dagli italiani.

Bene, tornando al ponte San Giorgio, questo avrebbe dovuto essere la somma delle virtù e delle capacità del nostro Paese. E così fu, visto che il marchio dei due spezzoni del ponte uniti dal cuore di Genova finì su migliaia di magliette in tutto il mondo, sulle divise della Serie A, sulla Ferrari, a Sanremo. Non solo, il ponte conquistò la prima pagina del *New York Times* e anche l'America si rese conto che a Genova stava accadendo qualcosa di importante. Doveva essere un ponte tricolore, e così fu per l'inaugurazione, con i piloni illuminati dalla bandiera, la pattuglia acrobatica in cielo, il presidente della repubblica, l'inno, e soprattutto la sensazione di essere di fronte a una di quelle straordinarie opere che talvolta il nostro Paese è in grado di realizzare.

Perché tutto ciò avvenisse servivano un grande architetto italiano, delle grandi imprese italiane, maestranze italiane e una pubblica amministrazione determinata nel decidere e guidare il progetto, senza timori e incertezze. L'avvio non fu facile, e neppure la realizzazione. Costruire il nuovo ponte era un obiettivo di molti. Renzo Piano, grande architetto di fama mondiale e origini ben piantate a Genova, si era offerto per primo di regalare alla città il bozzetto dell'opera. Ne seguirono molti altri, anche bravissimi, come Santiago Calatrava, che fa ponti bellissimi, ma dal nome già si capisce non essere né italiano né tanto meno genovese.

E molte furono anche le imprese in corsa per costruirlo: di casa nostra, spagnole, francesi. Perfino cinesi, che a dire il vero fecero anche un'offerta generosa: «Fatecelo fare a noi» ci disse la Cccc, la grande azienda di Stato cinese. «Ce lo pagate quando vorrete.» Un modo furbo per mettere un piede nel mercato europeo con grandissima visibilità. Un'offerta che fu ripetuta anche quando il tema si ripropose per la nuova, grande diga del porto di Genova, attualmente in costruzione, tra le consuete polemiche. Per il ponte come per la diga la nostra scelta fu italiana. Era fondamentale che il tricolore sventolasse su quelle opere, sul ponte innanzitutto, perché simboleggiasse il riscatto di un Paese.

Così nacque il *dream team* che fece l'impresa. In questo caso il mercato doveva lasciare spazio il più possibile alla politica, perché di quell'orgoglio recuperato si sarebbe avvantaggiato dopo. Renzo Piano, Salini-Impregilo (che sarebbe diventata poi WeBuild), Fincantieri, Italferr, Rina. La più famosa archistar italiana avrebbe guidato un pool delle migliori aziende tricolori. Noi lavorammo non poco per mettere insieme i tasselli di quel mosaico, assumendoci l'onore della scelta attraverso il sistema della negoziazione e non della gara. Mettendo insieme le persone anziché aspettare con le braccia conserte, affrontando momenti anche grotteschi, se il clima non fosse stato quello del dramma.

Accadde infatti che, in uno dei primi tentativi di accelerare l'inizio dei lavori, quando ancora Autostrade non era stata esclusa dal veto grillino, in regione ci incontrammo con Renzo Piano che portava con sé il primo modellino del ponte, con l'ingegner Castellucci, allora ancora amministratore delegato della concessionaria e con Peppino Bono, compianto ex capo di Fincantieri. Fu in quella occasione che Castellucci, già ovviamente guardato assai male come capo dell'azienda che aveva in concessione il Morandi, pensò bene di far crollare il modellino del nuovo ponte con un movimento sguaiato durante una conferenza stampa dove tutti avevano suggerito sarebbe stato meglio non fosse stato presente.

Ma il progetto andò avanti comunque e il modellino distrutto da Castellucci è diventato il viadotto che oggi tutti percorrono attraversando Genova. Quando per la prima volta sentii Piano descrivere quel ponte, capii perché fosse diventato uno degli architetti più importanti del mondo. Non solo l'estetica, la tecnologia costruttiva, fondamentale dopo la tragedia per dare una sensazione di solidità e sicurezza, ma il significato di ogni tratto di matita. Dalla linea del mare il viadotto avrebbe avuto l'aspetto di uno scafo di nave, stondato, in acciaio. Ogni pilone, la forma di una chiglia, i lampioni, alimentati dal sole, una fiaccola a ricordo imperituro di chi oggi non c'è più. A chi contestava che sarebbe stata un'opera dal disegno tutto sommato semplice, quasi banale, senza stralli, senza campate spettacolari, Piano rispose mimando sul tavolo con le due dita della mano destra, indice e medio, un uomo che cammina. Ogni passo un pilastro, e mai il passo più lungo della gamba. Attraverseremo la Val Polcevera su una strada sicura, un passo dopo l'altro, un pilone dopo l'altro. Velocemente, ma non di fretta. Era il messaggio che serviva: solidità e sicurezza. Avrei sentito ancora Renzo Piano parlare delle sue opere, sempre con un riferimento profondo al mare, alla sua Genova. Come i palazzi del nuovo *waterfront* di Levante, il quartiere simbolo della nuova Liguria, nato anch'esso dopo la tragedia del ponte Morandi. Anche quei palazzi a forma di barca.

Per arrivare alla fine, il percorso fu tutto sommato breve nel tempo, almeno per gli standard italiani. Un cinese forse sorriderebbe a sentirlo dire. Ma complesso fu ogni passaggio. A partire dalla demolizione di quel che restava del Morandi, proprio nel cuore della città. Smontarlo pezzo per pezzo avrebbe necessitato di un tempo enorme, e sarebbe stato un rischio per chi vi lavorava, visto che la statica di ciò che era rimasto non dava fiducia a nessuno e lavorare lì sopra avrebbe esposto le squadre di demolizione alla quotidiana preoccupazione di un collasso della struttura. Decidemmo per l'esplosivo: pochi istanti e tutto sarebbe precipitato al suolo lasciando spazio al cantiere nel nuovo viadotto. Fu incaricato del compito il reggimento Col Moschin, il più esperto con gli esplosivi. E ovviamente non mancarono né profeti di sventura, né proteste, nonostante la valle sottostante fosse stata sgomberata e le case più vicine già acquistate dai proprietari a prezzi assai maggiori di quelli di mercato, per garantire loro un risarcimento e un indennizzo. C'era chi diceva che le polveri avrebbero soffocato per mesi la città, chi temeva che i tronconi della struttura sopravvissuti al collasso e appesi lassù in alto sarebbero caduti chissà dove, e tutto quello che ancora la fantasia può partorire di nefasto. Eravamo sicuri che non sarebbe andata così e infatti andò tutto bene.

In una caldissima mattina d'estate, alle 9.37 del 28 giugno dell'anno successivo al crollo, sotto gli occhi della città, di un Di Maio e di un Salvini che già si guardavano in cagnesco tra loro, con le camicie di tutti inzuppate di sudore, il ponte scomparve in una nuvola di fumo. Quasi fosse evaporato, quel troncone di macerie, visto e rivisto su tutti i notiziari del mondo, semplicemente non esisteva più. Ci volle un istante, tutti rischiarono, dopo ore di attesa, e cercando riparo all'ombra, di non vedere il fatidico momento.

Fu una grande emozione. Non era la fine, certo, non era neppure l'inizio della fine, ma almeno era la fine dell'inizio, come disse Churchill dopo la battaglia vinta a El Alamein: con quella esplosione si cancellò quel che restava di un simbolo tanto doloroso e si lasciava finalmente spazio alle squadre che avrebbero costruito il nuovo ponte e, nella nostra idea, le fondamenta di una nuova Genova. Ovviamente, come spesso accade, i profeti di sventura non ci azzeccarono, e con loro tutti coloro che, per speculazione politica, tifavano perché accadesse qualche guaio. Non solo le macerie caddero ordinatamente là dove era previsto e nessun palazzo sopravvissuto al crollo fu minimamente sfiorato. Le strade sottostanti, debitamente protette, furono ripristinate in poche ore e – questa è la cosa che più mandò in bestia chi fino a poche ore prima si era stracciato le vesti contro l'esplosione – le polveri nella Val Polcevera a ovest di Genova, stando alle rilevazioni Arpal, non sono mai state con valori tanto bassi negli ultimi decenni. Il blocco del traffico e delle aziende, per consentire la deflagrazione, in uno dei luoghi più industrializzati della Liguria, avevano prodotto un effetto inverso, e, nonostante le macerie e le polveri, subito abbattute con potenti getti d'acqua, l'aria della zona non è mai stata tanto pulita e respirabile.

Le difficoltà non erano certo finite, ma eravamo sulla strada buona, quando anche il Covid ci mise lo zampino. Il cantiere – in realtà tutti i cantieri della Liguria – andò avanti. Non fu facile convincere lavoratori e sindacati a non interrompere, ma la nostra idea era che, se avessimo lavorato alacremente proprio mentre i cittadini dovevano stare chiusi in casa, quando la pandemia fosse finita la regione sarebbe stata pronta e ripartire di slancio, senza doversi di nuovo fermare per recuperare il tempo perduto.

Il Covid, per molte generazioni di italiani, compresa la mia, è stato qualcosa che non avevamo mai provato. I nostri genitori, i nonni e i bisnonni avevano conosciuto la guerra, la morte, le rovine, la paura. Noi no. Nessuno di noi conosceva quelle sensazioni, quella paura, quel senso di totale incertezza. Noi tutti eravamo cresciuti, chi più chi meno, nella bambagia della pace, del benessere, della democrazia, delle cure per tutti, dello Stato sociale. Per la prima volta il Covid costrinse tutti noi a una assunzione vera di responsabilità: chi doveva decidere era di fronte al peso di una scelta che sarebbe potuta costare in vite umane, oppure incidere sulla povertà o il benessere di tante famiglie. Chi doveva eseguire quelle decisioni, come prima di lui avevano fatto i ragazzi del Risorgimento, quelli del Carso e dell'Isonzo, nella Prima guerra mondiale, quelli che avevano fatto la Resistenza o lo sbarco in Normandia, era chiamato a non chiedersi perché proprio io. Cosa non facile in un Paese in cui troppi hanno dimenticato che i diritti che abbiamo discendono proprio da chi, prima di noi, ha fatto il suo dovere senza chiedere: «Perché proprio io?»

In questi momenti della storia, ogni caso individuale diventa parte di una gigantesca storia collettiva. Ogni scelta personale incide sull'esito finale che riguarda tutti. Con il Covid – va detto – l'Italia ha saputo confrontarsi forse meglio di tanti altri Paesi del mondo. Nelle difficoltà l'Italia sa dare spesso quel che non è capace di dare in tempi normali.

La lezione di Portofino: contro l'ambientalismo morale

Spesso, nella storia, momenti drammatici diventano stimolo e volano per epoche successive di grande espansione creativa, sociale ed economica. È accaduto nel mondo dopo le due guerre mondiali, ma, andando più indietro nel tempo, anche l'Umanesimo e il Rinascimento fiorirono in Italia dopo la grande peste medioevale, che quasi dimezzò la popolazione di allora. Anche Genova esplose come potenza marittima, commerciale e finanziaria, dopo quella gigantesca epidemia, arrivata in Italia proprio dal porto della città, dai topi presenti sulle navi dell'epoca in arrivo da altre terre lontane.

In questi anni la Liguria ha subito almeno tre difficili eventi che, stimolando la ricerca di soluzioni, hanno di fatto spronato riforme e cambiamenti del territorio. La nostra capacità è stata di reagire a questi stimoli, spesso drammatici, trasformandoli non solo in riforme necessarie, ma anche in aspettative positive.

Lo abbiamo fatto per il ponte, e ne ho già parlato a lungo. Lo abbiamo fatto con il Covid, di cui parlerò tra poco, e lo abbiamo fatto quando, nell'ottobre del 2018 – davvero un anno terribile per la regione che ho governato – la mareggiata più grande di tutti i tempi spazzò via coste, porti turistici, infrastrutture, spiagge e stabilimenti balneari. Il borgo forse più famoso d'Italia, Portofino, era addirittura isolato, con la bellissima strada che lo collega al Tigullio franata in più punti. Tutto mentre eravamo ancora alle prese con la tragedia del ponte, la cui soluzione era ancora tutta da impostare.

Tre eventi catastrofici di quelle proporzioni in meno di tre anni sarebbero stati un colpo mortale, o un gigantesco volano di crescita. Dipendeva dalla capacità di affrontarli. Genova era spaccata a metà dal crollo del ponte, con il sistema logistico del porto in affanno, nonostante la rapidità con cui avevamo approntato nuove strade destinate ai camion e velocizzato al massimo la realizzazione della nuova arteria che oggi costeggia lo scalo. Insieme alla nuova sopraelevata che corre lungo le banchine, una strada totalmente nuova finanziata con il decreto Genova, questa via oggi ha di fatto triplicato la capacità di traffico auto nel capoluogo. Appena sarà realizzato anche il tunnel subportuale, modello Manhattan, anch'esso finanziato con i risarcimenti versati alla regione per il crollo del Morandi, Genova sarà qualcosa di completamente diverso da oggi. La prima pietra del tunnel è stata una delle ultime cose fatte prima delle mie dimissioni e sarà pronto nel 2029. Allora il capoluogo non sarà più quella città dagli «svincoli micidiali» cantata da De Gregori in una delle mie canzoni preferite. Da città meno transitabile del Paese, nel corso di questo decennio, diventerà uno dei luoghi più infrastrutturati della Penisola, con i camion diretti al porto che viaggeranno su strade diverse rispetto al traffico urbano delle auto, una nuova metro, un nuovo passante ferroviario, l'alta velocità. Sarà la dimostrazione che, al contrario di quanto sostenuto da certo ambientalismo, più infrastrutture significano maggiore sicurezza, maggiore qualità della vita, maggiore competitività delle imprese, insomma, maggiore benessere per tutti.

Torniamo alla mareggiata che devastò le nostre coste nell'autunno del 2018. Anche in questo caso poteva essere fatale per il nostro sistema economico, oltre a sottolineare una fragilità estrema del nostro territorio, già esposto al rischio alluvioni. Portofino e il Tigullio sono tra i luoghi più iconici e famosi del mondo, le immagini della strada devastata comparivano sulle pagine di tutti i più prestigiosi quotidiani dei cinque continenti. I relitti strappati dalla furia delle onde dalle banchine dei porti giacevano in mare, uno spettacolo desolante e una situazione difficile da affrontare. Nonostante fosse il secondo colpo durissimo assestato dalla sorte in pochi mesi, la reazione fu identica a quella successiva il crollo del Morandi. Per pura fortuna questa volta non ci furono vittime. Molte vittime però avrebbero potuto esserci in campo economico, nel turismo, gravemente compromesso nelle sue infrastrutture e nell'immagine. Non fu così. La promessa che Portofino e il Tigullio sarebbero stati perfettamente in ordine per la primavera successiva fu mantenuta. Così come le altre aree colpite della costa ligure. Grazie, anche in questo caso, a una profonda collaborazione tra tutte le istituzioni, che passa anche dalla capacità di costruire rapporti umani tra chi le guida.

Collaborando con il giovane sindaco di Portofino Matteo Viacava non solo riuscimmo a recuperare i danni della strada, rendendola percorribile in meno di sei mesi, ma da quel momento Portofino è tornata a essere una delle località turistiche più famose d'Italia. Lo è sempre stata, direte voi. No, non è così. Certo, il suo nome era famoso, ma non più attrattiva e glamour, era diventata quasi residuale rispetto alle nuove grandi mete del jet set mondiale.

Oggi la situazione si è ribaltata: Lvmh, il primo marchio di lusso del mondo, ne ha fatto una delle sue capitali, in porto i grandi yacht litigano per un posto barca, la Ferrari ha dedicato al borgo un'auto che si chiama appunto Portofino, lanciata in piazzetta, poco prima della scomparsa di quel gigante che fu Marchionne. I magnati indiani occupano il paese per le nozze dei loro rampolli e Paraggi è tornata a essere un luogo imperdibile per le star internazionali, come ai tempi di Liz Taylor, Richard Burton e i loro turbolenti matrimoni. Mentre scrivo queste righe sto guardando su un rotocalco le foto di Madonna, ospite dagli amici Dolce e Gabbana, proprietari di una delle più belle ville del borgo. La baia di Paraggi, luogo magico, che dà il nome a un verde nel pantone dei colori per la sfumatura della sua acqua, spiaggia un tempo un po' *fané*, oggi è tornata ad attirare i grandi marchi della moda e della ristorazione, che si litigano ogni granello della preziosa sabbia.

E dietro tutto questo – non mi stancherò mai di ripeterlo – c'è un modello di crescita e di sviluppo economico che produce benessere per chi ci lavora, per chi fornisce le materie prime, per chi ha la capacità e la creatività di inventarsi un'impresa complementare che, magari con pochi euro di investimento, incontra il gusto di chi frequenta quei luoghi e moltiplica la ricchezza di un territorio.

Il Secolo XIX, un giornale allora molto diverso da quello di oggi, purtroppo, titolò a tutta pagina: «La lezione di Portofino». Era la mattina di sabato, un caldissimo 6 aprile. Il cantiere era concluso e con una folla di cittadini marciammo da Santa Margherita alla famosa Piazzetta, sulla strada di nuovo percorribile da pedoni e auto. Era una marcia verso il futuro, felice. Manco a dirlo, il povero sindaco, in quei sei mesi, si beccò un avviso di garanzia, per aver aperto, in un boschetto, un piccolo corridoio per consentire ai suoi cittadini di lasciare almeno a piedi o in scooter il Paese. Questa è l'Italia, viene tristemente da dire: c'è chi fa e chi invece non sa fare nulla di buono, ma pretende di insegnare e magari anche giudicare.

La stessa mareggiata che distrusse la strada per Portofino distrusse anche i principali porti turistici del Tigullio, quello di Santa Margherita e quello di Rapallo, il famoso porto Carlo Riva, un grande nome per la nautica italiana. Centinaia di scafi distrutti, fallimento della società che lo gestiva, un disastro, proprio mentre il nostro Paese dovrebbe moltiplicare i suoi porti turistici, cosa che in Liguria abbiamo fatto in questi anni, recuperando il tempo perduto.

Oggi entrambi i porti sono stati ricostruiti; uno, quello di Santa, con soldi pubblici, quello di Rapallo grazie a un coraggioso imprenditore italiano che ha investito in molti progetti in Liguria sotto il nostro governo e che abbiamo seguito e sostenuto per realizzare quell'investimento in uno slalom tra burocrazia e inchieste. Mi resta un cruccio: il porto pubblico di Santa Margherita chiude ancora oggi alle sette di sera. È gestito da una società pubblica. Quello di Rapallo è sempre aperto con tutti i suoi servizi. È gestito dal privato. Questo per chi difende il pubblico a ogni costo, senza tenere conto della qualità dei servizi che è in grado di offrire. Nel porto di Rapallo transiteranno migliaia di yacht l'anno, con gli ospiti pronti a spendere per gli ormeggi, per le loro serate a terra, tra locali, ristoranti, shopping, per la loro cambusa, piena di pesto, vini liguri, gamberoni e pesci del nostro mare. Nel porto di Santa Margherita invece, la maggior parte degli ormeggi è destinata a residenti o cooperative. Certo, avere a poco prezzo una barchetta sotto casa è un bel privilegio per chi abita lì, e vota lì. Quello che non siamo riusciti a spiegare, né per la verità in molti ci hanno provato, è che quel privilegio si paga, e si paga caro. Si paga con una moneta semplicissima: la cancellazione di opportunità che un uso diverso, e più redditizio, per la collettività di quei posti barca può dare. E quel prezzo – lo ripeto ancora – lo pagano i più deboli, chi non ha un lavoro o i giovani che lo cercheranno domani e non avranno quella chance. Certo, chi sta benino, una popolazione anziana e con molti risparmi, come quella ligure e italiana, spesso preferisce la comodità del posto barca sotto casa per portare a pesca il nipotino. Legittimo: l'importante è non pensare che sia gratis, come qualche forza politica o qualche amministratore locale vorrebbe far credere ai cittadini. Si sceglie sempre tra opzioni diverse e ognuna ha i suoi costi e i suoi benefici. Peccato che la certa politica spesso mostri ai cittadini solo un lato della medaglia. Non sfruttare al meglio le nostre opportunità è un lusso che ci concediamo come collettività, pagato dalle minori entrate che derivano da minori assunzioni e minori imprese, dagli stipendi di quel cameriere in meno, quel cuoco in meno, quell'ormeggiatore in meno, quel commesso in meno che ci sarebbero stati se quel posto barca, ad esempio, fosse stato gestito con una diversa visione di mercato, più competitiva.

Ci fu invece un cambiamento di approccio nell'affrontare i danni di quella mareggiata di cui sono politicamente molto orgoglioso. I soldi non furono usati solo per riparare, ma anche per evitare nuovi danni simili in futuro. Dopo la mareggiata, finiti i sopralluoghi nelle aree più colpite, facemmo il punto con il governo, per attivare la macchina della Protezione civile, quantificare i danni, gli interventi più urgenti, i risarcimenti possibili. Normalmente questo genere di interventi e di fondi stanziati dal governo centrale serve a coprire, in parte, spesso solo in minima parte, il costo dei danni subiti dal patrimonio pubblico: le dighe foranee, le strade, i ponti, gli acquedotti, le fognature. Poi, se avanza qualche risorsa, possono essere usati per risarcire i danni dei privati, ma quasi mai le risorse avanzano. Una volta «ripristinate le normali condizioni di vita» se accade una nuova calamità negli stessi luoghi, siamo da capo: conta dei danni, risarcimenti, ma sempre meno, e così via.

La nostra proposta al governo Conte, che qualcosa di buono ha pure fatto, almeno talvolta ascoltare e capire, fu: dateci più soldi, ma non li useremo solo per ripristinare il danno subito, cioè ricostruire così come era, ma soprattutto, già che interveniamo, li utilizzeremo per migliorare le infrastrutture, renderle più robuste e sicure, per evitare che una nuova calamità simile, nello stesso luogo, faccia di nuovo i medesimi danni. Si chiama, con orrendo termine, resilienza, o riduzione del rischio residuo.

Fino a quel momento i fondi di Protezione civile, sconsideratamente, non potevano essere usati per quello, ma solo per aggiustare il danno e nei limiti dei denari necessari a metterci una toppa. Cioè, per capirci, se un muretto era fatto in un determinato modo prima della calamità, i soldi potevano essere usati solo per ricostruirlo in modo identico. Sembra una cosa tecnica, ma è una rivoluzione copernicana, che ha messo in sicurezza un pezzo importante delle nostre coste. Facciamo un banale esempio: se una mareggiata distrugge una spiaggia, un piccolo muro che la separa dalla strada e protegge i locali del lungomare, fino alla mareggiata del 2018, i soldi stanziati dalla Protezione civile potevano servire a riportare un po' di sabbia su quella spiaggia, a ricostruire il muretto distrutto, a risarcire – una piccola quota – i danni a bar e ristoranti. Con la nostra rivoluzione, quei fondi avrebbero potuto finanziare una scogliera paraflutti davanti a quella spiaggia, o una diga, o altro che non era mai stato fatto, in modo che, di fronte a una nuova mareggiata, quella spiaggia e quei locali non avrebbero subito di nuovo la stessa sorte.

Così abbiamo investito oltre 300 milioni di euro, trasformando in un luogo più sicuro un pezzo importante di costa della nostra regione. Con un corollario importante a favore degli investimenti privati: anche chi, imprenditore, si vedesse costretto a spendere per riparare i danni subiti da una calamità, non lo farebbe sapendo che se, per sorte, pochi mesi o anni dopo, si fosse trovato di fronte alla medesima calamità si sarebbe probabilmente trovato a spendere nuovamente per riparare gli stessi danni. Lo farebbe con maggior favore invece, sapendo che i lavori fatti daranno maggiore sicurezza anche al suo investimento. Un incentivo forte a non mollare tutto dopo una tragedia, ma a impegnarsi per ricominciare.

Con l'allora capo della Protezione civile, Angelo Borrelli, provammo anche a ragionare su un ulteriore cambiamento del sistema. Fino a oggi, i danni di una calamità ai privati di fatto non vengono risarciti, oppure vengono risarciti solo in minima parte e con grandissimo ritardo. Perché non prevedere allora un sistema di assicurazione obbligatoria, contro ogni genere di calamità, di case, negozi, imprese, officine, un po' sul modello dell'assicurazione per l'auto? Pagandola tutti, si sarebbe pagato molto poco e, in caso di calamità, si sarebbe stati risarciti subito. Insieme al nuovo sistema di spesa della Protezione civile, quello volto a mitigare il rischio, che ho descritto poc'anzi, le compagnie di assicurazione avrebbero contato sul fatto che, se un luogo fosse stato devastato da una alluvione, la cosa non si sarebbe ripetuta, per gli investimenti in resilienza fatti dallo Stato. Dunque, anziché crescere come avviene spesso dopo un incidente, il premio assicurativo sarebbe rimasto uguale o addirittura sarebbe calato, perché collegato alla riduzione del rischio. Questa seconda parte del piano nessuno ha ancora avuto il coraggio di sperimentarla, per non chiedere agli italiani di pagare per una cosa – il risarcimento dopo una calamità – che teoricamente dovrebbe darti lo Stato. Per perpetuare una finzione, o quanto meno, un sistema che in realtà offre poco o nulla ai cittadini colpiti da una calamità naturale, non si è mai voluto sperimentare un sistema che, con una spesa contenuta, garantirebbe veri e pieni risarcimenti. Io credo invece che sarebbe un modello da seguire in tutta la Penisola, uno dei luoghi più fragili del pianeta. È solo una delle molte ipocrisie di questo Paese, dove, con una sorta di patto sociale al ribasso, si paga poco chi lavora, ma si pretende poco, si pagano poco i trasporti, ma sono anche lenti e arretrati, si suppone di perseguire ogni crimine, la famosa obbligatorietà dell'azione penale, salvo poi, siccome sono troppi, non perseguirne nessuno o, meglio, solo quelli che interessano al magistrato. Un Paese dove tutto è promesso a tutti, e in realtà poi quello che arriva è molto poco.

Sono stato palloso e un po' tecnico, lo so, ma per arrivare al vero punto politico, che mi piacerebbe da questa esperienza prendesse corpo. Quella che ho appena descritto e abbiamo attuato in Liguria negli anni a cavallo del 2020 è la prima risposta politica basata su azioni concrete, il primo modello elaborato per contrastare un ambientalismo ideologico che trova le sue fondamenta e la sua ricetta non nel «fare», ma nel «non fare».

La dottrina ambientalista estrema, per certi aspetti, ha sussunto i postulati morali di certe teorie della sinistra più massimalista, che attribuiscono all'avidità dell'uomo, alla sua volontà di spremere ogni risorsa, la colpa delle sciagure ambientali che egli stesso si trova ad affrontare. La natura predatoria che ci porta a voler possedere più di quanto serve, a consumare più del necessario, è all'origine delle calamità, per il tramite del pessimo trattamento che abbiamo riservato al nostro ambiente, a partire dal surriscaldamento terrestre per finire con la cementificazione delle nostre città. Una teoria – ci avrete fatto caso – che sentiamo ripetere a ogni catastrofe naturale. Vi è una corrente di pensiero, spesso prevalente nella classe intellettuale del Paese, che oscilla tra il millenarismo e la denuncia morale dei peccati d'avidità dell'uomo che hanno portato alla catastrofe. Siamo stati noi e la società consumista e capitalista a provocare la terribile alluvione. Se avessimo consumato meno energia, e quindi scaldato meno le nostre case, usato la bicicletta invece di due automobili a famiglia, ci fossimo nutriti a chilometro zero, come i contadini di un tempo, invece di spostare milioni di camion per mangiare in Grecia polpette svedesi e in Svezia formaggio greco, se non avessimo tutti più scarpe, cappotti, telefoni, di quanti ce ne servono, il fiume non sarebbe straripato. E se, nel corso dei millenni, invece di costruire case sempre più grandi e confortevoli, magari addirittura con l'aria condizionata e il box auto riscaldato, fossimo stati più frugali, non avremmo alimentato quel cambiamento climatico che oggi, certamente aggrava alcuni fenomeni atmosferici, ma ispira anche una nuova visione penitenziale della vita che poco c'entra, a mio avviso, con l'ambiente.

L'approccio di Protezione civile che vi ho descritto sopra, nuove e più potenti infrastrutture contro calamità dalla forza distruttiva crescente, voleva essere anche una risposta a tutto questo. Ovvero i cambiamenti climatici si fronteggiano con maggiori opere, scientificamente e costruttivamente più potenti, non con un ritorno a un passato tra il bucolico e il preindustriale. Se un fiume straripa, si alzano gli argini, si costruisce un canale scolmatore. Se le onde sono più forti, servono dighe frangiflutti più alte. Se le perturbazioni sono più distruttive serve un sistema di previsione e allarme più efficiente per avvisare i cittadini. E, dopo, un sistema di ricostruzione e risarcimento più rapido ed efficiente come quello che ho provato a delineare. Non dobbiamo pensare che il passato sia la soluzione: abbandoniamo l'auto per tornare alla bicicletta o addirittura ai piedi, ma semmai costruiamo strade più larghe, così che non si formino gli ingorghi nelle nostre metropoli e gli spostamenti durino un po' meno e inquinino meno. Costruiamo più ferrovie, più porti per trasporti più efficienti. Sono gli stessi ambientalisti ideologici a non volere più infrastrutture, che invece aiuterebbero l'ambiente. A loro non basta, perché il risultato che interessa è, appunto, ideologico, non pratico: non basta inquinare di meno senza cambiare stile di vita, bisogna riconoscere i propri errori, pentirsene e costruire un modello di società e di sviluppo alternativo. Il carbone inquina più del petrolio, il petrolio inquina meno del gas, ma anche il gas non va bene, perché bisogna fare le rinnovabili. E pazienza se nessuno scienziato al mondo ritiene che oggi sia possibile sostituire le fonti fossili solo con le rinnovabili. Allora, vedete che siamo al punto: se non si può alimentare il sistema solo con le rinnovabili, allora non resta che consumare di meno. Il tema non è abbattere le polveri, ma abbattere uno stile di vita. Senza che nessuno spieghi a costoro che questo stile di vita ha permesso al mondo di essere quello che è oggi; più salute, vite più lunghe, maggior benessere diffuso, maggiore conoscenza. E se qualche snob europeo forse sarebbe pure disposto a rinunciare all'aria condizionata, che tanto fa male, non vi rinuncerebbero sicuro le masse cinesi e indiane e di altri continenti che, a differenza dei Paesi ricchi, ricordano cosa vuol dire vivere di un pugno di riso in una capanna. La globalizzazione, il mercato mondiale, la delocalizzazione delle imprese, la competizione hanno fatto crescere il benessere anche in quei Paesi dove solo fino a pochi anni fa la classe media non esisteva e la vita era ridotta a pura sussistenza. Difficile immaginare un passo indietro, un ritorno al passato.

La cultura ambientalista di cui parlo, e che ho cercato di contrastare in ogni modo durante il mio governo della Liguria, si sposa con un'altra setta politica con un importante numero di adepti: i «benaltristi». Il loro credo si sovrappone, in parte, ai nuovi estremismi ambientali, ma si estende anche ad altri campi dello scibile umano. A ogni cosa che una politica positiva pensa di fare concretamente, c'è chi si oppone con il medesimo slogan: «Ben altro servirebbe». Io continuo a pensare invece che in politica fare il possibile sia sempre meglio che non fare. E contrapporre un presunto «meglio» infattibile a un «bene» raggiungibile sia quanto di peggio la politica può fare: non solo, infatti, finisce per non fare nulla, ma riesce anche a non assumersi la responsabilità di quell'immobilismo. Da qui la mia più profonda avversione verso tutte quelle associazioni, comitati, gruppi umani che si battono contro le opere, opponendo un modello basato sul non fare.

Un caso emblematico: il rigassificatore che dovremmo mettere davanti al porto di Vado, nel Savonese. È noto a tutti che il nostro Paese ha affrontato una crisi energetica di colossali proporzioni per la guerra russo-ucraina. È noto che le famiglie hanno visto decuplicare il costo della propria doccia, del riscaldamento, del fornello per cucinare. È noto che il nostro sistema industriale, totalmente ormai alimentato a gas ed energia elettrica dopo la chiusura del carbone, ha rischiato il collasso. Per questo è stato elaborato, in emergenza, dal governo Draghi, appoggiato da tutti i partiti, tranne Fratelli d'Italia, un piano energetico che prevede il posizionamento di una serie di navi rigassificatrici sulle nostre coste. Queste navi, rispetto ai gasdotti, offrono il vantaggio di poter comprare e importare gas, via mare, da tutti i Paesi produttori, dove di volta in volta costa meno, senza legarsi tramite un tubo a un solo Paese produttore, magari soggetto a rischi di instabilità politica. È talmente evidente il bisogno di energia che tutti i partiti in parlamento votarono il piano, tranne Fratelli d'Italia, che oggi guida il governo. È evidente che il sistema delle energie rinnovabili, almeno per i prossimi decenni, non garantirà al Paese l'energia sufficiente per il proprio sistema produttivo a prezzi sostenibili. Anche di fronte all'evidenza della realtà però, assumersi responsabilità non è mai così facile per la politica di questi anni, così che, coloro che a Roma votarono a favore, quando tornano a casa in Liguria fanno le barricate.

«Ma perché proprio a Vado Ligure?» chiedono a gran voce.

Se fossimo seri, la domanda suonerebbe addirittura come una provocazione. Forse perché le navi galleggiano e quindi serve il mare? Forse perché la Liguria ospita il primo sistema portuale d'Italia, con quasi il 50 per cento delle merci in entrata e uscita dal Paese che passa da quei porti? Forse perché per modernizzare quei porti stiamo spendendo miliardi degli italiani, quegli stessi italiani che hanno diritto a essere protetti da future crisi energetiche che ne comprometterebbero lavoro e risparmi? Forse perché i porti della Liguria sono i più vicini alla Pianura Padana, dove si consumano due terzi dell'energia importata? Forse perché già ci arrivano, ogni anno, centinaia di navi che trasportano idrocarburi e quindi una più una meno non cambia molto? Forse perché il rigassificatore già esistente da molti anni a Panigaglia, proprio a un passo dalle Cinque Terre e Portovenere, dimostra che queste infrastrutture non danneggiano il turismo, ma sono compatibili? Quante risposte facili da dare, eppure a poco servono contro la fuga dalla responsabilità, primo comandamento della setta del «ben altro». Ecco che scatta il «benaltrismo» geolocalizzato e coloro che a Roma hanno applaudito, a Savona si incatenano perché quanto approvato a Roma anche da loro non si realizzi proprio lì. Una sorta di schizofrenia. Ora, occupandoci per lo più di Liguria, ho citato il caso di chi protesta a Savona, ma potrei dire la stessa cosa di quanto accade in Val di Susa contro l'alta velocità o in Puglia contro il gasdotto Tap, che per fortuna è stato fatto. E non mi pare che il turismo pugliese ne abbia risentito. Ne risentirebbe il turismo, semmai, se per riscaldare o condizionare una camera di albergo pagassimo l'energia più di quanto un'impresa può permettersi per carenza di energia stessa.

Comunque, qui siamo nel cuore della sindrome che si chiama Nimby, altro male collegato all'ambientalismo morale e al «benaltrismo». È un'attitudine di comportamento tra le più perniciose perché mina alla radice il patto sociale di un Paese. In pratica, ogni sindrome Nimby, in inglese «non nel mio cortile di casa» dice questo: «Io voglio tutti i benefici di vivere in un Paese ricco e moderno, voglio la casa riscaldata, l'auto sotto la medesima casa, un ospedale pagato con soldi pubblici nel mio Paese di residenza, ricevere una pensione tutti i mesi, ma non voglio accanto a dove abito io nessuno degli oneri o delle servitù necessari a consentire tutto il benessere che pretendo».

E torniamo dunque al nodo centrale: quello dei diritti e dei doveri. E di una politica che sappia scegliere, assumendosi la responsabilità piena di quella scelta. Questo è il «modello Liguria» costruito in questi anni e offerto al Paese. Un modello di cui si è dibattuto molto, nei talk show, sui giornali, nelle assemblee di partito, forse senza coglierne fino in fondo l'essenza, che non è quella di cambiare le leggi, ma soprattutto quella di scegliere, decidere, fare e assumersi la responsabilità di ciò che si sta facendo. Insomma, di cambiare noi stessi, prima ancora delle regole, assumendosi anche i rischi connessi, come dimostra il mio personale caso.

Il Covid, tra un mancato nuovo umanesimo e nuove regole di vita e di lavoro

Ho sempre avuto una istintiva antipatia per chi siede al bordo del campo da gioco e giudica le prestazioni altrui. Peggio quando il giudizio si fonda su semplificazioni: Aldo Moro diceva che semplificare la realtà vuol già dire mentire. E – peggio del peggio – se tutto ciò viene fatto dalla politica per sfruttare sentimenti irrazionali dell'opinione pubblica, che invece dovrebbe indirizzare. Accade spesso purtroppo: di fronte al delitto efferato che suscita sdegno o paura nell'opinione pubblica, che si fa? Si aggravano le pene per quel delitto, perché è più facile, anche se quel tipo di soluzione non funzionerà o, peggio, produrrà ulteriori ingiustizie nel sistema. Sono passati anni dalle famose «grida manzoniane», denuncia contro questo modo di agire, ma la situazione non è cambiata. Erano inutili e ingiuste nella Lombardia del viceré spagnolo, lo sono anche oggi. La funzione di una classe dirigente dovrebbe essere opposta. Di fronte a momenti difficili, drammatici, complessi, dovrebbe scendere in campo, sporcarsi le mani, assumersi la responsabilità di indicare la via e saper indirizzare il sistema, guidarlo verso la ragione, non l'emozione.

Insomma, dire la verità alla gente. Sono rari i discorsi politici in questo senso, restano alla storia gli interventi che hanno la verità, ancorché impopolare, come filo conduttore. Quello di Churchill, che prometteva «lacrime, sudore e sangue» resta uno dei pochi. Il mondo non è mai bianco o nero come la gente spesso vorrebbe. E la politica comunque dovrebbe saper costruire sfumature di bianco, anche quando il comune sentire tende al nero, anzi soprattutto in quei casi.

Lo dico perché, avendo vissuto la tragedia del Covid in un ruolo di responsabilità e avendo assunto decisioni in un momento in cui non si sapeva quasi nulla del nemico di fronte, guardo con particolare sospetto e qualche indignazione a ogni tentativo di giudicare a posteriori quel periodo, sia che lo voglia fare una magistratura, predicando virtù che normalmente neppure lei pratica nei suoi sistemi di potere, oppure che a volerlo fare sia il parlamento con le sue commissioni di inchiesta. Ho visto accusare, e per fortuna scagionare, l'amico Attilio Fontana, governatore lombardo, per aver acquistato dei dispositivi di protezione individuale: vi ricordate le mascherine, le tute, i guanti per i nostri sanitari, in un momento in cui non si trovavano e mandavamo tra i malati infermieri e medici agghindati alla meno peggio? In quel momento quei dispositivi li avremmo tutti comperati anche dal diavolo in persona. E chi li ha trovati è stato bravo. Punto, non c'è altro da dire, ovunque li abbia presi e a qualunque prezzo li abbia pagati. E vale per tutti i temi che affrontammo allora, dalle mascherine ai vaccini. Per questi ultimi una piccola accusa di «falso» me la sono presa anche io, ultimamente, come contorno di accuse ben più gravi.

Dal tempo del Covid ho una scorta che mi segue ovunque per le minacce dei No Vax. I magistrati mi accusano di aver chiesto a Roma più vaccini per i nostri anziani. Peccato che in Liguria – come qualsiasi italiano sa – passano l'inverno tanti pensionati del Nord, che, pur ufficialmente residenti in altri territori, posseggono o affittano una seconda casa nel clima temperato della riviera. Costoro non sono censiti all'anagrafe, ma ovviamente, se avessimo dovuto vaccinarli, avremmo dovuto avere i vaccini anche per loro. Mi sembra fin assurdo dovermene occupare, ma così è. Per altro, mi piace ricordare che la mia regione è stata la prima a firmare accordi per vaccinare cittadini delle regioni vicine, piemontesi e lombardi per primi. Questo lo abbiamo voluto perché se vuoi che tante persone che ti frequentano e spendono da te i loro soldi continuino a sentirsi a casa e tornare, devi trattarli da amici di famiglia quali sono. Noi, in Liguria, non abbiamo mai chiuso le frontiere, anzi, abbiamo sempre invitato le persone a frequentarci. Ricordo con piacere un video del sindaco di Milano Beppe Sala, che ringraziava la Liguria per la sua ospitalità.

Il Covid in Liguria è cominciato presto, quasi subito, come accade in una terra di confine, dove passano tante persone. Ed è cominciato proprio così, arrivando con turisti provenienti da altre regioni. In un albergo di Alassio alloggiava una delle molte comitive di pensionati piemontesi, in fuga dal freddo e dalla nebbia, per passare qualche giorno nel clima mite del Ponente. Uno di loro si ammalò, sembrava raffreddore, ma morì in poco tempo. Il tampone era positivo. Era arrivato quel Covid di cui fino a poche ore prima avevamo seguito le notizie al telegiornale della sera. Era uno dei primi casi in Italia. Mi ricordo che andai subito sul posto, per rendermi conto, per incontrare i medici e gli infermieri, i poveri pensionati che, non ancora abituati alle quarantene e agli isolamenti che sarebbero diventati poi triste routine, non capivano bene l'esigenza di rimanere chiusi nella propria stanza, senza incontrare gli amici di gita. Anzi, per la verità non lo capivano proprio e portavano il cibo che la Protezione civile distribuiva nelle camere, in sala mensa, per stare insieme e condividere paura e disagio. Ovviamente aumentando il contagio. Ci andai non perché la mia presenza, in quel frangente, fosse particolarmente utile: stavamo lavorando da Genova per organizzare il loro ritorno a casa in ambulanze con autisti bardati come *ghostbusters*. Ci andai perché adottai un comportamento che poi ho sempre tenuto durante la pandemia, e più in generale in ogni azione del mio incarico pubblico. Il principio è questo: non puoi chiedere a nessuno di rischiare qualcosa, o di fare un sacrificio, se non sei disposto a correre lo stesso rischio o a fare le stesse cose che chiedi. Chiunque decide per altri dovrebbe sempre tenere presente questa regola. Se mandi un infermiere in corsia con una mascherina che non sai bene quanto protegge, dovrai andare con la stessa mascherina nella stessa corsia. Se chiedi di fare un vaccino, AstraZeneca – su cui tornerò tra poco –, lo devi fare anche tu. La paura non è ammissibile in chi comanda e dispone della vita degli altri. E infatti io mi vaccinai con AstraZeneca, mentre per età mi sarebbe spettato Pfizer. Se chiedi di tenere aperti i cantieri, visiti quei cantieri, stai con gli operai. Insomma, se pretendi etica della responsabilità o addirittura coraggio, devi conformarti a ciò che chiedi agli altri. È il requisito per poter fare scelte non solo per te stesso ma anche per tutta una comunità.

Il Covid, dopo molti decenni tutto sommato tranquilli, se si escludono gli anni più cupi del terrorismo rosso e nero, ha costretto davvero la politica a scegliere e mettersi in gioco. Senza il supporto della scienza, almeno nel primo periodo, talvolta senza neppure il supporto della conoscenza, perché di quel virus sapevamo poco. E nella consapevolezza che qualunque scelta fosse stata fatta, avrebbe, nella migliore delle ipotesi, minimizzato il danno, non lo avrebbe annullato. Tra mandare un sanitario forse poco attrezzato in una corsia di malati e lasciare quei malati senza cura, qual era la decisione da prendere? Tra distribuire un vaccino che poteva, in taluni, rari soggetti, avere delle controindicazioni anche molto gravi, e non distribuirlo affatto, ritardando la vaccinazione a molte migliaia di persone che, per questo, avrebbero rischiato maggiormente la vita, che fare? Tra chiudere le attività commerciali di una città o di una regione, con il rischio di un collasso economico con le sue conseguenze sulle famiglie, e lasciare le stesse aperte, favorendo il contagio, qual è l'equilibrio?

In una politica anestetizzata da decenni di mancate scelte, o di scelte affidate alla tecnica, alla giustizia contabile e amministrativa, pur di sgravarsi dal peso della responsabilità, il Covid ha suonato come una brusca sveglia per un esercito di amministratori culturalmente, ideologicamente e umanamente impreparato. E non vale solo per la classe politica, ma per la classe dirigente in genere: direttori delle Asl, dirigenti, medici, professori… Sotto la pressione colossale e inaspettata del Covid, la politica ha reagito a macchia di leopardo. Anche nella emergenza più grave di questa generazione siamo riusciti a costruire leggi contorte e ipocrite, più utili a inibire le decisioni, che a fermare la malattia. Nessuno scudo legale, pure sollecitato a gran voce. Nessuna guarentigia per le decisioni prese in quella circostanza equivale a mandare in guerra un generale sapendo che potrebbe essere processato per aver mandato un battaglione all'assalto. Nessuna legge che agevolasse davvero l'acquisto degli strumenti utili come i ventilatori per la terapia intensiva. Ricordo la frustrazione di vedere intere partite di mascherine comperate in Cina da emissari di altri Stati, con valigie colme di contanti, slot aerei sottratti all'ultimo istante da qualcuno che pagava più di noi e più in fretta, mentre la nostra centrale acquisti regionale mandava in giro richieste di preventivi dettagliati da compilare, per non incorrere nei rigori di legge: meglio non comperare e lasciare i sanitari senza mascherine, che sbagliare la procedura di acquisto ed essere giudicati dopo da qualcuno che nel momento dell'emergenza stava comodamente chiuso in casa.

Ancora una volta, sarà un caso, ma la struttura commissariale, cioè il comando generale delle operazioni belliche anti Covid, quella struttura guidata da Domenico Arcuri – e io direi anche bene, date le circostanze – è finita tritata in un gorgo giudiziario che chissà quando finirà. Ancora una volta ha prevalso la ricerca moralistica di un «meglio» inattuabile, anziché il compiacimento per il «bene» raggiunto. In questo caso il «bene» italiano era anche a un livello più che accettabile, visti i risultati di altri Paesi come la Gran Bretagna e il National Health Service, orgoglio della sanità pubblica europea. Non è un caso che le risposte siano arrivate dalla politica più vicina alla gente, quella che non poteva sottrarsi alle necessità dei cittadini e si confrontava col male in una battaglia strada per strada. Dove era ineludibile assumersi responsabilità. Se, dopo il primo lockdown, il Paese è stato in grado di rimettersi in moto, lo si deve infatti, soprattutto, al sistema delle regioni, che, riunito nella conferenza dove siedono tutti i governatori, è stato un interlocutore costante del governo centrale. Con tanti bravi tecnici e tanti assessori si è assunto la responsabilità di scrivere quelle regole che hanno consentito ai trasporti di ripartire, ai bar e ai ristoranti di riaprire, alle fabbriche di tornare a produrre.

Vi ricordate quelle regole che talvolta sono sembrate assurde: i metri di distanza, quando togliere la mascherina prima di sedersi al tavolo, quante persone al massimo potevano trovarsi allo stesso desco, gli «affetti stabili» da poter frequentare. Le regole per le palestre, le piscine, come salire su un aereo o un treno, le regole da tenere con i colleghi di ufficio. Regole a volte cervellotiche per certi aspetti, ma che comportavano responsabilità civili e penali che non tutti hanno voluto assumersi. Furono oggetto di trattative intense tra Palazzo Chigi, il ministero della Salute, il famigerato Comitato tecnico-scientifico. E non facile fu trovare un equilibrio nelle lunghissime riunioni notturne. Se un ricordo allegro può restare anche in un momento così triste, è quello di tante persone che sei abituato a incontrare in giacca e cravatta che, chiuse in casa, agli orari più improbabili del giorno e della notte, si radunavano collegandosi dal telefonino o dal Pc, in pigiama, con magliette improbabili usate fino a quel momento solo per dormire, o con i maglioni regalati dai parenti in qualche lontano Natale. In quelle riunioni da remoto, che oggi sono diventate familiari per tutti noi, abbiamo conosciuto angoli di casa, animali domestici, mogli, mariti e figli di persone che, fino ad allora, avevamo visto solo nel paludato ambiente delle istituzioni, con gessato e cravatta di ordinanza.

Di solito le riunioni avvenivano la sera sul tardi, dopo la giornata di lavoro. Io spesso mi collegavo dalla Terrazza di Primocanale, emittente locale da cui quasi ogni sera informavo i cittadini sulla situazione della malattia e degli ospedali. Poi, vivendo solo a Genova, con mia moglie bloccata a Milano dal lockdown, mi fermavo lì a mangiare, unica mensa autorizzata per i lavoratori della tv. Siccome lo studio con le sue luci e i suoi riflessi, la notte, somigliava a un locale notturno, i colleghi prendevano in giro il governo, collegato da Palazzo Chigi, sostenendo che, di nascosto, avevo riaperto le discoteche! In realtà l'unica musica era quella della chitarra di Donato Toma, presidente del Molise, che nelle pause tra un argomento e l'altro si esercitava con la sua passione giovanile.

Le decisioni da prendere tuttavia erano molto difficili e spesso si configuravano come quella di *L'alternativa del diavolo* descritta da Frederick Forsyth in un famoso romanzo: in qualunque modo si possa scegliere, è probabile vi sia un danno grave per qualcuno. Sia per quanto riguarda i lockdown e le quarantene, sia per quanto riguarda i vaccini, sia per le regole applicate ai sanitari e alle case di riposo, dove le vittime furono più numerose. E tutti coloro che erano chiamati a scegliere, erano in qualche modo consapevoli che, in un Paese come il nostro, prima o poi qualcuno avrebbe pensato di chiedere conto delle loro scelte e giudicarle, anche senza avere metri di misura per farlo. Ogni legge che fu richiesta dalle regioni, o dai medici, dai dirigenti sanitari, per fornire uno scudo a quelle decisioni prese a buon senso, senza informazioni sufficienti e spesso anche senza un vero e oggettivo metro di misura per scegliere, fu travolta dal moralismo italico di cui ho parlato già molte volte. Eppure, erano scelte difficili: lasciare aperti bar e ristoranti ovviamente era un incentivo al contagio, chiudere tutto voleva dire fermare l'economia, lasciare persone senza mezzi di sostentamento o far fallire le aziende più fragili, che non si sarebbero mai riprese. Mandare i ragazzi a scuola ovviamente era importante per il loro equilibrio psicofisico e la loro preparazione, ma voleva dire trasformarli in veicoli di potenziale contagio.

Sono stati davvero momenti duri e per certi aspetti formativi del carattere di ciascuno. Ricordo le riunioni della mia cabina di regia, credo una delle migliori d'Italia per professionalità, ma anche per coraggio. Vi sedevano il professor Bassetti, ormai una star della medicina e uno degli amici veri conosciuti in questi anni, e il dottor Angelo

Grattarola, a cui poi ho affidato l'assessorato alla Sanità: l'uomo dei respiratori, delle terapie intensive. Ogni sera, di persona o al telefono, durante i picchi della pandemia, facevamo i conti di quanti letti liberi restavano negli ospedali. In altre parole, quando avremmo dovuto cominciare a scegliere tra chi curare e chi no, non avendo la possibilità di farlo per tutti. Per fortuna non ci arrivammo mai, anche se, alcune giornate, sfiorammo il punto di non ritorno. Il professor Ansaldi, l'uomo dei numeri, dell'espansione del contagio, delle zone rosse e arancioni che decretava la chiusura delle attività. Scegliemmo di riunirci sempre di persona: se medici e infermieri, poliziotti e lavoratori dei servizi essenziali, perfino le commesse degli alimentari erano chiamati a essere presenti nonostante i rischi, noi a maggior ragione dovevamo essere presenti.

Quel carattere che si era formato durante le ore più buie della pandemia purtroppo si è perduto in gran parte non appena tornati alla normalità. Non possiamo dire che dopo l'epidemia seguì un nuovo umanesimo, come fu per la peste medioevale. Le innovazioni pratiche però sono rimaste e alcune tipologie di rapporti sono cambiate. Su questo abbiamo posto una particolare attenzione in Liguria, anche per dare un senso ai sacrifici fatti da molti in quei mesi. Possiamo dire che la sanità ligure è cambiata di più per la spinta del Covid che non nei trent'anni di immobilismo conservativo che lo ha preceduto. Molte delle riforme, sia tecniche, sia strutturali, di sistema, che oggi fanno parte della sanità ligure, sono figlie dei bisogni della pandemia. E molte di queste spero possano ispirare quelle riforme che servirebbero al Paese per far funzionare il nostro sistema della salute, ormai ingabbiato in regole e ipocrisie che impediscono di cambiare.

Prima di tutto l'introduzione dei sistemi informatici

nella prenotazione delle prestazioni. Nati per organizzare ed erogare decine di migliaia di vaccini, tenendo conto e incrociando le priorità dei singoli pazienti, legate all'età, alle fragilità mediche, al luogo di residenza, quello che nacque come sistema digitale «Prenotovaccino» oggi è diventato uno dei più vasti sistemi informatici della sanità italiana, dove è possibile cambiare medico, prenotare ogni sorta di prestazione, cambiare l'appuntamento. Tutto da casa, tutto sullo smartphone o il personal computer. Ma se tutto ciò è un grande vantaggio per il paziente, che oggi fa tante cose – direi tutte – senza code agli sportelli, è anche un gigantesco sistema per ottimizzare le prestazioni e controllare le performance, perché al computer nessuno può mentire. Se un macchinario eroga un certo numero di prestazioni in un ambulatorio efficiente, vuol dire che tutti gli stessi macchinari e tutti gli ambulatori possono erogare lo stesso numero di prestazioni. E visto che le liste di attesa sono il principale problema del Paese, ciò comporta di poter fare più Tac, più risonanze magnetiche, più lastre, e ridurre quelle liste.

Non ci crederete, ma la sanità italiana non ha un controllo di gestione efficace come quelli delle aziende private. Un medico di un ospedale piò metterci mezz'ora per una determinata visita, un collega di un diverso ospedale può metterci liberamente più o meno tempo, senza alcun controllo, premio o sanzione. E lo stesso vale per le macchine della diagnostica: una risonanza magnetica gestita in modo efficiente può fare due esami l'ora, un'altra può farne uno solo, senza che nessuno fissi uno standard comune. Quando qualcuno sostiene che servono più investimenti, dice una parte della verità. Quello che non dice è che servirebbe anche un vero controllo di gestione, come fanno le aziende private, per vedere se ogni settore e ogni lavoratore producono ai massimi degli standard possibili. Premiare chi ci riesce e penalizzare chi non raggiunge la qualità attesa. Per far questo il sistema informatico messo in piedi durante il Covid sta dando frutti importanti.

Poi durante la pandemia abbiamo sviluppato un rapporto di sinergia con le farmacie del territorio. Siamo stati infatti i primi in Italia ad autorizzare quei luoghi a somministrare i vaccini, e tanti cittadini hanno scelto proprio la farmacia sotto casa piuttosto che i grandi hub vaccinali. Quelle croci verdi, disseminate nelle nostre città, rappresentano ancora per molti un solido punto di riferimento. Da allora abbiamo trasformato le farmacie, fino ad allora relegate alla sola funzione di dispensario farmaceutico, in un vero centro polifunzionale dove fare e depositare *screening* ed esami, prenotare prestazioni, assolvere a pratiche amministrative, e molto altro in futuro. Un pregiudizio tutto italiano aveva sempre escluso le farmacie dai veri circuiti di cura del cittadino, affidati solo alla mano pubblica. Ricordo di aver ricevuto per questo approccio innovativo i complimenti di Ornella Barra, chiavarese di nascita e amministratore delegato del colosso farmaceutico anglo-americano Walgreens Boots Alliance, il primo gruppo al mondo di farmacie. Mi chiamò da Chicago, in compagnia del governatore dell'Illinois, per chiedere se fosse vero quello che sentiva sulla Liguria, sua terra natale, e pregandomi di andare avanti su quella strada.

Durante il Covid, si è anche finalmente rotto quell'argine che teneva i privati fuori dal mercato sanitario ligure. Arruolati nei grandi ambulatori per dispensare vaccini al fianco del pubblico, con prestazioni spesso più efficienti e meno costose, oggi erogano anche una parte importante di prestazioni che i cittadini non riescono ad avere negli ambulatori e negli ospedali pubblici, meno efficienti per colpa di organizzazione e contratti troppo rigidi. Attenzione, nel privato convenzionato il paziente non paga nulla esattamente come nel pubblico, o meglio, paga il ticket come nel pubblico, ma spesso l'organizzazione del lavoro fa sì che il privato eroghi più prestazioni, a un costo inferiore. Dal Covid molte novità hanno preso campo nella nostra vita, anche al di fuori del perimetro sanitario: le riunioni a distanza, lo smart working, una familiarità con il digitale che molte generazioni non avevano. Paradossalmente, proprio la sanità nazionale, comparto maggiormente investito dal morbo, alla fine della malattia non ha saputo cogliere le opportunità, ma ha scelto di tornare al suo mondo, ingessato nei rapporti sindacali, nei privilegi degli ordini professionali, nell'immutabilità dei baronati universitari e dei primariati. Si è preferito non scontentare chi lavora in quel mondo, piuttosto che lavorare per migliorare la vita al paziente. Un po' come se un negozio organizzasse il suo lavoro seguendo le esigenze dei commessi e non la soddisfazione del cliente che paga.

La sanità è un sistema complesso e non voglio trasformare queste pagine in un trattato tecnico, ma alcune verità non possono essere taciute. La politica si scontra sempre sui fondi che dedica il bilancio dello Stato al sistema sanitario: sono sicuramente meno di quanto servirebbe. Ma è assai più facile accapigliarsi sui soldi che non sulle regole che occorrerebbero per far rendere molto di più i fondi che già gli dedichiamo. E ancora una volta torniamo ai concetti dell'ipocrisia e del merito. Provo a fare qualche semplicissimo esempio per capirci: abbiamo creato una facoltà universitaria di Scienze infermieristiche per formare meglio chi vuol intraprendere quella professione, ma non abbiamo avuto il coraggio di affidargli poi mansioni decisamente superiori, come hanno fatto altri Paesi. In Francia, per i casi meno gravi, al pronto soccorso, la prima visita al paziente la fa un cosiddetto «infermiere medicalizzato». Da noi assolutamente no, per non aprire un contenzioso con l'ordine dei medici. L'infermiere, nonostante il *quid* di formazione in più, continua invece a distribuire i farmaci in corsia, cosa che, grazie a un armadio computerizzato e un braccialetto con codice a barre, potrebbe fare chiunque, anche un tecnico meno preparato, senza rischio di errori. Abbiamo creato una specializzazione in «medicina di urgenza» nelle nostre università, per formare medici appositamente preparati per i pronto soccorso. Sarebbe stato perfetto, se non fosse che quelle scuole sono vuote: nessun medico vuole praticare quella specialità che non consente la libera professione, fa guadagnare dunque di meno e costringe a una vita di turni, festivi, notturni, perché nei pronto soccorso non si può ovviamente programmare l'arrivo dei pazienti, trattandosi di emergenze e, in quanto tali, improvvise e non preventivabili. Nessuno però ha il coraggio di dire che quei medici devono essere pagati sensibilmente più degli altri dottori che fanno una vita più facile, programmabile e meno rischiosa.

Potremmo andare avanti a lungo, parlando dei medici di medicina generale, i vecchi medici della mutua, o medici generici. Quelli che, quando spariscono dai loro studi durante le ferie, o non rispondono al telefono, nel fine settimana ovviamente costringono gli ospedali a un super lavoro dovuto anche ai loro pazienti privi di riferimento. Non ci vorrebbe molto a organizzare questo tipo di medicina in studi associati, dove i medici riuniti insieme debbano garantire, per legge e contratto, turni di notte e di giorno, feriali e festivi, Natale e Ferragosto, presenza e reperibilità telefonica. Con conseguenti sanzioni per chi non si adegua. Così finirebbero anche le code ai pronto soccorso, altro male endemico del sistema.

Allora vedete, servirebbero regole nuove. E il Covid, con la sua carica di emergenza, poteva esserne il propulsore. Come lo è stato in Liguria, nei limiti dei poteri che le regioni hanno in questo campo. Ancora un esempio: non abbiamo abbastanza medici di urgenza per i nostri pronto soccorso, dunque si devono fare alcune cose: pagare di più quella specialità per incentivare la vocazione, ma ovviamente a formare un medico servono oltre dieci anni e non è un rimedio per il domani, o il dopo domani. Ci sono altre cose da fare nel frattempo, e sono semplici, basta utilizzare il principio del «male minore»: al pronto soccorso, anzi, deve lavorare anche un medico con un'altra specialità, magari turnando dal suo ordinario reparto. Certo, un medico formato *ad hoc* sarebbe l'ideale, ma è pur sempre meglio un medico qualsiasi che nessun medico.

Ancora una volta ovviamente tutto questo c'entra con l'organizzazione, ma anche con l'ambizione, il premio al merito e all'iniziativa del singolo, cosa che il nostro sistema sanitario ha lavorato anni per distruggere. Non vi sono premi particolari per i primari che producono di più nei loro reparti, né premi, anzi divieti espliciti, per coloro – medici, infermieri, sanitari in genere – che offrono al proprio datore di lavoro maggiore duttilità, maggiore capacità di lavoro, maggiore disponibilità sui turni e anche sui ruoli. Lo abbiamo già sottolineato quando parlavamo in precedenza del merito e dell'appiattimento, ma devo dire che nel sistema sanitario questo vizio italiano ha trovato uno dei terreni più fertili in assoluto: si entra per concorso, si progredisce per anzianità, non capacità e disponibilità, si viene pagati poco, ma viene chiesto anche poco. Pensate che è impossibile spostare un lavoratore in un ospedale diverso da quello dove è stato assunto, anche se servirebbe di più. Tutta questa omologazione, cosa produce, oltre a uno scarso rendimento del sistema? Due effetti ulteriormente dannosi. Il primo: i migliori professionisti, quelli maggiormente disponibili, vanno all'estero o nel privato, dove si pretende tanto, spesso tantissimo, ma si è pagati di conseguenza. Sono i più ambiziosi, i più capaci, i più tenaci, che perdiamo, in generale dalla pubblica amministrazione, e in particolare dalla sanità, dove non trovano prospettive di carriera commisurate al proprio impegno e merito. Il secondo effetto è speculare: sapendo che un posto in sanità ti consentirà una carriera spesso modesta, ma sicura, uno stipendio basso, ma commisurato all'impegno, una vita tranquilla, perché non dovrai confrontarti e inseguire il collega nella scalata darwiniana della professione, chiaro che questo sistema, costruito su tali aspettative, attira, per indole, soprattutto chi, per vocazione o carattere, non è portato a buttare il cuore oltre l'ostacolo. Salvo che non lo faccia per vera passione umanitaria, su cui comunque faremmo bene a non contare mai troppo. E allora, come sempre in Italia, vero che servono più soldi, ma servono soprattutto nuove regole affinché quei soldi pagati con le tasse producano effetti verso i cittadini stessi e non solo verso chi lavora all'interno dell'organizzazione di quel sistema ingessato. Prima di mettere più soldi, bisogna ridiscutere come suddividere quei fondi, premiando efficienza e capacità. Un pochino a tutti, crea tanta spesa, ma come si dice, molto poca resa.

Il Covid poteva essere l'occasione per trascinare la sanità fuori da un ugualitarismo protettivo e paternalistico che dura da troppo: sindacati, ordini professionali, categorie in genere. Era l'occasione per aprire al mercato delle idee, del merito, dell'impegno, del coraggio di rischiare. Non è stato così. Almeno finora. Pensate che in Liguria abbiamo fatto una legge per consentire ai nostri ospedali di pagare di più, come straordinario, i medici che, già lavorando lì, decidevano dopo i propri turni di fermarsi più ore, fare turni in più di sala operatoria, ove occorresse. Questa legge ci è stata impugnata alla Corte costituzionale. Non ho ancora capito se è incostituzionale lavorare di più e guadagnare di più, ma di certo in Italia non sempre è visto di buon occhio. Nella nostra Liguria, sì, chi è più bravo, disponibile, preparato, deve valere di più di chi non lo è.

Se il Covid non ha generato una reazione in grado di cambiare le regole della nostra sanità, in altri settori ha rappresentato una vera svolta le cui conseguenze si vedranno nei prossimi anni, soprattutto in Liguria. Il balzo in avanti tecnologico a cui ci ha costretto ha cambiato le nostre vite e le nostre imprese. Dallo *smart working*, entrato nelle consuetudini del mercato del lavoro, ai giganteschi *data center* in costruzione con gli investimenti del Pnrr. Non solo è migliorata la tecnologia, ma tutti hanno imparato a usarla, colmando almeno in parte il gap di conoscenze tra le generazioni, tra i nativi digitali e coloro che, come me, sono nati nell'era analogica. La possibilità, data dall'implementazione tecnologica legata al Covid, di lavorare lontano dalla sede della propria azienda, da casa e nei luoghi dedicati al *coworking*, sta cambiando le abitudini di vita soprattutto dei più giovani, coloro che si affacciano al mercato del lavoro. Se una volta si era costretti a emigrare verso aree ad alta densità di imprese per lavorare e fare carriera – la Pianura Padana ad esempio – oggi, per molte professioni, bastano un computer e una connessione efficiente alla rete. Per questo molte persone già tendono, e lo faranno sempre di più, a stabilire la propria residenza sulla base della qualità della vita, del costo della stessa, delle opportunità di un territorio.

La Liguria, tutto sommato vicina alle aree più forti economicamente del Paese e dell'Europa, ma con un clima migliore, un mercato immobiliare più conveniente, un sistema scolastico e culturale evoluto, è diventata un luogo dove tanti hanno pensato di poter vivere con una qualità della vita alta, senza dover rinunciare, grazie alle tecnologie, alle opportunità di lavoro offerte da altre zone più costose e meno accoglienti. Per la prima volta, una regione che per decenni ha visto diminuire e invecchiare la sua popolazione, ha mutato indirizzo, vedendo tornare a crescere i suoi cittadini. In questo ovviamente aiutata anche dalle grandi infrastrutture in costruzione: l'alta velocità ferroviaria che la collegherà in poco tempo al Nord Italia e all'Europa e le grandi dorsali di fibra ottica che proprio a Genova approdano dagli oceani, come una volta approdavano i transatlantici.

Quello che abbiamo sperimentato in Liguria sarà sicuramente una tendenza mondiale dei prossimi decenni di cui la politica dovrà tenere conto. Il potenziamento delle reti ad alta capacità di trasmissione dei dati, la diffusione dell'inglese come lingua comune, quindi la possibilità di vivere e lavorare senza vincoli di luogo, faranno nascere un mercato dei territori, che si contenderanno i nuovi cittadini non più, o non solo, sulla base della loro capacità di offrire lavoro in loco, ma sulla qualità della vita che sapranno offrire.

Lo spirito di Draghi

«Genova è diventata un modello di come ripartire dopo una tragedia.» Furono le prime parole pronunciate da Mario Draghi nella Sala delle Compere, solenne luogo di conferenze all'interno di Palazzo San Giorgio, sede della autorità portuale di Genova. Quella del premier non fu una visita né scontata né banale. Non a caso fu, di fatto, la sua prima uscita pubblica di un certo rilievo da quando, per volontà del presidente Mattarella, aveva sostituito Giuseppe Conte a Palazzo Chigi, appoggiato da una maggioranza ampissima, che escludeva di fatto solo Fratelli d'Italia. Avevamo lavorato a lungo con Antonio Funicello, suo capo di Gabinetto, per organizzare quella visita. Condividevamo il fatto che Genova rappresentava il luogo migliore per lanciare una serie di messaggi al Paese, reduce dai disastri umani ed economici del Covid. Il governo stava definendo le linee guida del Pnrr, quel gigantesco piano di investimenti che avrebbe traghettato tutta l'Europa fuori dagli effetti della pandemia. I messaggi che Draghi voleva lanciare erano particolarmente coerenti con quanto stava accadendo a Genova: realizzare infrastrutture in tempi ragionevoli, non sottostare alle mille pressioni politiche e sociali che troppo spesso ne rallentano la realizzazione, sostenere e aiutare le imprese nella loro crescita, con un'iniezione di fiducia e di capacità di ascolto, realizzare le grandi reti della logistica, come il terzo valico ferroviario, per portare l'Italia al passo degli Stati più evoluti del continente.

L'agenda di quel giorno – un freddissimo 9 febbraio – era stata accuratamente costruita per rappresentare questi obiettivi. Come sempre, il presidente Draghi sbarcò dall'aereo di Stato senza soprabito, in giacca e cravatta salmone. Un vezzo che costò caro al premier durante la visita al porto a bordo della vedetta della capitaneria. All'aperto, sferzati da una gelida tramontana, tutti noi ammirammo lo stoicismo di Draghi, che continuò a fare domande nonostante il colore bianco della sua carnagione e la smorfia del suo volto, sempre più rigido per il freddo. Fu il calore dell'accoglienza nella sede del porto a far tornare temperatura e colorito a una gradazione accettabile. Lì era riunita la *business community* genovese e ligure, in particolare gli operatori del porto, che accolsero Draghi con una ovazione che difficilmente si era sentita per altri. Era un messaggio chiaro quello che Palazzo Chigi voleva trasmettere: la politica del fare, quella che mira all'obiettivo, che decide senza indulgere alle proteste, come aveva fatto per le rigide scelte sui green pass del Covid, trovava a Genova una sua casa e nelle istituzioni del territorio degli adeguati ambasciatori.

«Investire sul porto di Genova vuol dire investire e credere nel Paese» disse Draghi dal podio, sostenendo in pieno quella gigantesca opera che grazie all'impegno di tutti noi stava per diventare realtà: la nuova grande diga, attesa dagli operatori della logistica da un centinaio di anni mal contati. Un'opera che andava costruita senza indugio, con lo spirito del ponte San Giorgio, più volte chiamato in causa come esempio di buona amministrazione. Era un significato politico, quello che si respirava quel giorno, che non guardava alle successive elezioni, bensì alle successive generazioni, assumendosi la responsabilità di decidere. Come noi avevamo fatto con il ponte Morandi, come Draghi aveva saputo fare con la grande crisi economica quando la sua famosa frase: *«whatever it takes»*, «faremo qualunque cosa serva», salvò l'euro e l'economia europea.

«Qui al suo cospetto, caro presidente,» dissi nel mio saluto istituzionale «c'è l'Italia del debito buono.» Era una citazione dello stesso Draghi. Nel suo discorso dell'anno prima all'apertura del Meeting di Rimini, il banchiere infatti aveva invitato la politica a non temere il deficit, purché fosse speso in investimenti per dare competitività al Paese. Bisognava temere invece la spesa pubblica legata all'assistenzialismo, che per accontentare qualcuno oggi, avrebbe distrutto la possibilità di crescita di domani. Era un principio che avevamo ben chiaro fin dall'inizio del nostro governo e coincideva perfettamente con quello del premier: il pubblico deve spendere, ma deve spendere per rendere il Paese più moderno, per aumentare in prospettiva la sua capacità economica e dunque con criteri di efficienza e merito. Alcuni dei temi che trattammo in quel breve viaggio in motovedetta divennero provvedimenti del governo, ispirati al modello Genova. Di uno su tutti sono particolarmente orgoglioso: oggi i ricorsi al Tribunale amministrativo regionale, i famigerati Tar, non bloccano più gli appalti delle opere se questi sono stati affidati. Sembra un cavillo giuridico, ma se oggi mentre scrivo, dalla mia finestra a Genova vedo le chiatte posare in mare i «cassoni» della nuova diga, lo si deve a quel provvedimento. La gara e l'assegnazione delle opere furono infatti assai complesse e, come spesso accade nel nostro Paese, non mancarono i contenziosi legali, che in altre epoche avrebbero bloccato i lavori. Oggi, grazie anche a quella visita a Genova, non è più così.

E un po' di quello spirito è rimasto nei corridoi del ministero delle Infrastrutture, visto che Matteo Salvini sta continuando meritoriamente questa opera di pulizia e semplificazione negli appalti pubblici. Mi auguro che il modello Liguria aiuti a realizzare anche la madre di tutte le opere: il ponte sullo Stretto di Messina. Sentire chi, ancora oggi, si oppone a quella infrastruttura, che collegherebbe cinque milioni di italiani alla terra ferma, mette francamente i brividi. Soprattutto scorrendo sul web le immagini dei ponti che oggi collegano la Danimarca alla Svezia, Hong Kong a Macao. Ascoltare le motivazioni di chi lotta contro quel ponte fornisce un quadro perfetto dell'ipocrisia e della pochezza della politica italiana.

La visita di Draghi si concluse al cantiere del terzo valico ferroviario, l'alta velocità che collegherà, da qui a un anno, la costa della Liguria con Milano e Torino. Il triangolo industriale che ha reso il Paese la terza potenza manifatturiera d'Europa si ricongiungerà con una infrastruttura finalmente degna dei nostri tempi. Ovviamente non mancò nella giornata un incontro con i parenti delle vittime del ponte Morandi e una sosta nella piazza che oggi le ricorda. Un momento che dimostrò anche l'umanità dell'ex premier, che spesso ha scherzato in passato sul suo contegno e del suo rigore, raccontando una famosa barzelletta sul cuore dei banchieri centrali che potrete trovare facilmente sul web.

Ho voluto dedicare queste righe a questa giornata perché credo abbia davvero rappresentato uno dei momenti più simbolici di quanto si stava realizzando sul nostro territorio. E perché, con le parole di Draghi, la nostra politica in Liguria era diventata un manifesto di governo, condiviso dalle istituzioni locali e centrali. Era lo spirito, il programma, di quel partito di Draghi che allora molti auspicavano e che non nacque mai. Finché restò a Palazzo Chigi, applicò molti principi di quella politica liberale che era la nostra stella polare. Draghi non volle trasformare questa azione di governo in un progetto politico. Draghi non riuscì a, o non volle, collettivizzare la sua visione e la sua credibilità, facendo molto per il Paese in prima persona, senza pensare al dopo, o ad altro. Credo si sia perduta una occasione che avrebbe aiutato la politica tutta a riacquistare quella dignità e credibilità la cui perdita è all'origine dei molti mali oggetto delle riflessioni di questo testo.

Ciò credo sia stato anche la motivazione principale della sua mancata ascesa al Colle più alto, che fu comunque una ipotesi concreta franata nei giorni che portarono alla rielezione di Mattarella. Draghi cadde in poche ore, portando all'ascesa dell'unico partito che di quel governo era stato all'opposizione, Fratelli d'Italia. Una delle contraddizioni della politica italiana: Draghi, osannato come salvatore della patria pochi mesi prima, non era riuscito a trasmettere nulla del proprio personale consenso ai partiti e alle classi dirigenti che lo avevano sostenuto. Forse è rimasto – almeno me lo auguro – qualcosa di quel metodo di lavoro, di quel rigore decisionale, di quella visione di futuro che celebrammo quel giorno a Genova. Non giurerei neppure su questo: in quel viaggio, che avveniva in piena crisi energetica del Paese, Draghi annunciò un piano energetico che avrebbe messo in sicurezza le bollette degli italiani. Fu poi realizzato dal ministro Cingolani nei mesi successivi: prevedeva rigassificatori e nuovi gasdotti. Oggi quel piano è in corso di realizzazione e vediamo quotidianamente esponenti dei partiti che lo hanno votato protestare contro la realizzazione di quelle opere nei loro territori. Lo spirito di Draghi ha presto lasciato spazio allo spirito dei tempi, che forse porta qualche voto in più oggi, di certo meno speranze per domani.

Una società liberale

Mettersi in gioco, singolarmente o collettivamente, vuol sempre dire rinunciare a qualche certezza per qualcuno per aprire la strada a qualche opportunità per qualcun altro. Vuol dire mettere in gioco la palla, stabilire le regole e lasciare che i giocatori si affrontino. Non saranno certo tutti numeri 10, ma ritirare il numero per renderli tutti uguali non è uguaglianza, è appiattimento e incentivo al disimpegno.

Difendere teorici diritti acquisiti, che spesso non sono parametrati e collegati a corrispondenti doveri, produce automaticamente una difesa del privilegio. Questo perché, senza competizione, il privilegio sarà legato solo a dati non meritocratici, come l'anzianità, il tipo di contratto applicato alla propria categoria, la tipologia di lavoro, non la qualità con cui ciascuno espleta quel lavoro. Premiare, incentivare e stimolare impegno e merito è quello che abbiamo provato a fare in Liguria durante il nostro governo, cercando di gettare un seme di liberalismo puro e vero nello stagnante panorama politico italiano. E cercando di dimostrare sul campo che grazie a questo approccio il benessere collettivo sarebbe aumentato per tutti. L'esperimento ha funzionato, stando a quanto riportato dai numeri e analisi degli enti di statistica e dei *think tank* indipendenti. Il prodotto interno del territorio è cresciuto nel suo complesso, la disoccupazione quasi dimezzata, il reddito pro capite si è alzato, le esportazioni, per una piccola regione, hanno superato i 10 miliardi, i Neet, i giovani che non studiano e non lavorano si sono ridotti di due terzi, le imprese sono cresciute, il turismo è diventato una vera e propria industria, gli investimenti pubblici e privati sono da record rispetto al resto del Paese.

Tutto questo con un effetto sociale di giustizia non secondario e a cui tengo in particolar modo. Il reddito si è distribuito in correlazione all'impegno e al risultato, non alla categoria e alle rendite di posizione. Per «vendere» un prodotto, nel mondo della globalizzazione occorre seguire le regole del marketing. Non fa eccezione la vendita di un territorio nel suo complesso. Per nostra fortuna la Liguria possiede di base tutte le caratteristiche che servono per competere in un mercato dove turismo, terziario, hi-tech, logistica sono i settori in maggiore espansione. Poi quel prodotto va costruito e reso accessibile, attraverso offerte allettanti, affidabilità del venditore, nel caso di una regione, la sua amministrazione, reso accessibile con infrastrutture adeguate. Poi serve la suggestione, va stimolato il bisogno dell'acquirente, la voglia di consumo. Servono simboli, testimonial, narrazione perché oggi non si compra solo ciò di cui si ha bisogno, anzi, la maggior parte degli acquisti sono stimolati dallo status, dalla emulazione, non dalla necessità. Per questo un territorio diventa di successo se diventa di «moda». Allora si potrà affrontare la concorrenza globale.

Certo, si può anche rinunciare, come una persona che può tenersi il vecchio telefonino Gsm, che per fare qualche chiamata funziona ancora. E non escludo che chi fa questa scelta viva bene lo stesso, ma quel che si perde è tutto ciò che sarebbe seguito al suo passaggio al 5G: servizi e comodità in più per lui, opportunità in più per chi, con la nuova rete, può produrre servizi innovativi da collocare sul mercato. E dunque crescita, ricchezza e lavoro. La Liguria dieci anni fa era il cittadino che vive con il Gsm: rinunciava a opportunità per sé e per la sua comunità. Un territorio che non voleva cambiare telefonino, anzi rivendicava con orgoglio il suo atteggiamento legato al passato. La sua presunta sobrietà di costumi come una virtù morale. Come se per la politica rinunciare alle occasioni fosse un pregio, non un difetto.

Per cambiare totalmente approccio, come quando cambi tecnologia, prima devi cambiare l'hardware. E nel nostro caso, l'hardware è l'amministrazione pubblica: leggi semplici, fondi accessibili, sportelli disponibili ad ascoltare ed esaudire le necessità dei cittadini e delle imprese, come fossero veri e propri clienti, non sudditi.

Siamo partiti da qui. Anche in questo caso le fonti di ispirazione sono state quelle del mondo liberale. Prima di tutto l'insieme delle leggi del secondo governo di Berlusconi, quello del 2001. La legge obiettivo di allora è diventata la nostra legge per la «crescita e lo sviluppo», una gigantesca semplificazione per ogni investimento pubblico e privato. Abbiamo recuperato il «Piano Casa», a opera dell'assessore Marco Scajola (in giunta in entrambi i mandati, come Giampedrone) per semplificare la possibilità di ristrutturare e rinnovare il patrimonio immobiliare.

Non abbiamo fatto costruire di più, ma abbiamo consentito di recuperare, ristrutturare, modificare le destinazioni d'uso in modo da stimolare il mercato dell'edilizia. La regione Liguria e Genova in particolare sono state le realtà italiane negli ultimi anni con il maggior numero di compravendite nel settore. Abbiamo cancellato le imposte regionali sulle nuove imprese. Questa è una misura che non costa quasi nulla alle casse pubbliche e ha un grande effetto di promozione. E ancora, abbiamo cambiato la formazione professionale: se vieni in Liguria e assumi dei lavoratori per almeno tre anni, la loro preparazione al lavoro la paghiamo noi. Se sei un'attività turistica stagionale e tieni aperto un mese in più, sarai premiato con un abbattimento del costo del lavoro. Potrei andare avanti a lungo, ma non voglio essere didascalico, volevo solo dare un'idea di cosa servirebbe alla politica economica italiana per accelerare davvero.

Io sono convintamente autonomista. Credo che le regioni debbano competere per rendersi attrattive per i cittadini e per le imprese che scelgono un luogo di elezione dove vivere o fare business. Se fossi un governatore del Sud vorrei ancora maggiore autonomia di quanta ne preveda la riforma Calderoli. Questo per poter offrire, a chi viene a investire nel mio territorio, o sceglie di viverci, regole più semplici e costi più convenienti rispetto ai territori maggiormente progrediti, facilitazioni e incentivi in più. Con questa ricetta potrei ambire a diventare la regione più progredita, a scalare la classifica, mentre con regole uguali e immutabili resterò sempre in seconda fila. D'altra parte è con questa formula che il Terzo mondo oggi ha superato il Primo per ricchezza e capacità economica. Ovviamente le leggi non bastano a rivoluzionare un territorio: tutti sanno che ottime leggi possono restare lettera morta. Servono una politica e una amministrazione pubblica disponibili e sollecite nel prendere per mano chi vuole credere e investire sul territorio. Un amico rassicurante, un socio, qualcuno che avrà cura dei tuoi capitali come l'hai tu, perché da quei capitali dipenderà una parte del benessere di chi vive in quelle terre. In particolare, serve attenzione per chi fa il «mercato»: quei nomi e quelle aziende che fanno la differenza, per grandezza, *benchmark* di qualità, per notorietà. Persone e imprese che fungono da garanzia, stimolo, anche per gli altri imprenditori: se loro scelgono di andare lì, di vivere lì, un motivo ci sarà e dunque perché non imitarli?

È esattamente quello di cui mi hanno accusato i magistrati e che io, invece, ritengo sia uno dei principali meriti della mia amministrazione e uno dei segreti della crescita della Liguria: il rapporto di fiducia costruito con il mondo di chi produce e investe. Quando sono entrato in carica nel porto di Genova operava un solo player internazionale di grandi dimensioni, il fondo di Singapore, che aveva comprato il vecchio porto costruito dalla Fiat nella zona di Prà-Voltri. Oggi nei nostri porti operano tutti i colossi della logistica mondiale, nessuno escluso. Sono arrivati, uno dopo l'altro, oppure hanno enormemente rafforzato la loro presenza, grazie al costante lavoro che abbiamo fatto per spiegare loro le infrastrutture che stavamo realizzando, le riforme che stavamo introducendo, il sostegno costante che gli avremmo offerto in ogni loro esigenza. Hanno scelto la

Liguria anche per il rapporto di fiducia costruito tra quei colossi del mondo e la nostra amministrazione, un rapporto fatto, mattone dopo mattone, di incontri nelle loro sedi di Ginevra, Anversa, Singapore, Amburgo, di conoscenza reciproca, di familiarità. Incontri così simili a quelli che avvenivano sullo yacht di Aldo Spinelli... Non erano diversi dalle mille riunioni svolte nelle sedi di rappresentanza delle altre grandi aziende che abbiamo convinto a scommettere sul nostro territorio nel corso di questi anni. Se i magistrati avessero voluto analizzare il nostro lavoro nell'insieme, si sarebbero facilmente resi conto che il rapporto con Spinelli per il quale sono sotto processo, non è un'eccezione, ma la norma.

Quando ho conosciuto il comandante Aponte, patron della Mediterranean Shipping Company (Msc), la sua società era titolare di una quota di concessione di un solo terminal nel porto di Genova, su cui non riusciva a investire quanto avrebbe voluto perché bloccato da partner locali che non volevano sostenere quegli esborsi. In quel caso, ad esempio, abbiamo lavorato a lungo per convincere quei soci a cedere le proprie quote al colosso di Ginevra e oggi il «Bettolo» – così si chiama quel terminal container – è uno scalo merci con maggiori prospettive di sviluppo, anche legate alla nuova diga foranea. E i suoi lavoratori crescono di conseguenza, aumentando le opportunità di occupazione nel nostro capoluogo.

Quando sono entrato nel palazzo del governo a Piazza De Ferrari, Genova era uno scalo per le crociere come tanti altri. Oggi la regione è la principale piattaforma per questo genere di turismo. Non solo oltre tre milioni di passeggeri partono dai nostri porti, ma centinaia di navi ancorano davanti ai nostri borghi più attrattivi per far visitare ai loro ospiti le nostre bellezze. A Genova la stazione marittima sta raddoppiando i suoi spazi, a La Spezia se ne sta costruendo una nuova, così come l'aeroporto di Genova, che per anni ha vissuto in modo stentato, si appresta a diventare il primo del mondo per crocieristi. Certo, c'è chi si lamenta, mentre beve il caffè al bar, delle code di crocieristi che seguono la bandierina di una guida turistica e invadono piazze e strade della Liguria in ogni giorno dell'anno. È la visione dei miei oppositori, di chi rimpiange una regione sonnacchiosa e un po' desueta, silenziosa e dalle luci fioche. Oggi per altro, anche in altre località del mondo, pare sia diventato di moda lamentarsi dei troppi turisti, dei troppi bed and breakfast sorti nelle nostre città, del rumore dei locali aperti 24 ore su 24. È la prima volta, a mia memoria, che movimenti di opinione protestano contro un benessere crescente.

Normalmente i moti di protesta erano riservati alle crisi economiche, non ai momenti di espansione della ricchezza. Credo davvero che qualcuno che oggi storce il naso ragionando di qualità della vita abbia dimenticato i sacrifici delle generazioni che ci hanno preceduto per fare dell'Italia la potenza economica che è oggi. I nostri genitori e i nostri nonni potevano lamentarsi delle loro condizioni di vita, francamente noi molto meno.

Stessa attenzione abbiamo rivolto alla cantieristica da diporto, settore di cui la regione Liguria è diventata leader nel mondo proprio negli anni del nostro governo. Una crescita di cui sono particolarmente orgoglioso, prima di tutto perché in questi anni il settore ha trainato non solo l'economia della nostra regione, ma un pezzo importante del prodotto interno lordo e dell'export del Paese intero. Pochi comparti produttivi infatti hanno segnato, per almeno tre anni consecutivi, crescite superiori al 10 per cento. Il secondo motivo è che qualche merito lo abbiamo avuto.

Prima di questa svolta, la Liguria, e l'Italia, erano diventanti residuali nel settore rispetto ad altre aree del mondo. Anche il famoso Salone nautico internazionale di Genova stava chiudendo i battenti, cedendo il passo ad altre manifestazioni come Francoforte o Cannes, di maggior attrazione per le imprese del settore.

Oggi, dopo molto lavoro al fianco delle aziende e di Confindustria nautica, associazione di categoria dei principali produttori, la cantieristica italiana e ligure in particolare è tornata a essere la prima al mondo.

Per incentivare la presenza di queste aziende sulla nostra costa abbiamo strutturato per loro un apposito distretto chiamato il «Miglio blu», nel porto di La Spezia. E quante ore, cari magistrati, visto che dell'attenzione verso il mondo produttivo sono accusato, ho passato a lavorare perché quei cantieri avessero concessioni e autorizzazioni per aumentare i propri spazi e le proprie produzioni.

Quanto lavoro, durante il Covid, per consentire agli stabilimenti liguri di varare e consegnare ai clienti le barche pronte ma bloccate dal lockdown. Che impegno per pretendere dalla nostra polizia di frontiera norme coerenti con quelle del resto d'Europa, che consentissero ai marittimi imbarcati come equipaggio sui maxiyacht in riparazione nel distretto produttivo di Genova, uno dei migliori al mondo, di poter restare a bordo anziché essere espulsi come clandestini. Perché in Italia accade anche questo. E forse non tutti sanno che, in quei cantieri navali, eccellenze della manifattura nazionale ogni anno stazionano yacht come quelli di Steven Spielberg o Jeff Bezos, navi che valgono e producono ricchezza pari al fatturato di una media impresa.

Potrei andare avanti raccontandovi di come Portofino è tornata una meta straordinariamente glamour e che dietro la sua fama sono nati nuovi hotel e attività in tutto il Tigullio. Potrei ancora raccontare il tempo e l'attenzione messi per aiutare chi ha investito sui nuovi porti della Liguria, sul nuovo *waterfront* di Renzo Piano a Genova, degli investimenti del Principato di Monaco a Ventimiglia, proprio quel genere di capitali che della Liguria e del turismo italiano fino a ieri neppure volevano sentir parlare, considerandoli poco remunerativi. E dei locali del mio amico Briatore, che fino a ieri l'altro della Liguria conosceva solo le code in autostrada e i Pm di Genova, che gli avevano sequestrato uno yacht che poi, ovviamente, è risultato del tutto regolare. Ecco, in una sola estate Briatore, che raramente in questo campo sbaglia, ed è – come accennavo prima – uno di quei nomi che nel suo campo fanno «il mercato», ha deciso di aprire non uno ma due locali in Liguria. Un centinaio di posti di lavoro di qualità, ma soprattutto l'ingresso della nostra costa tra le località del mondo frequentate dai grandi marchi che certamente arriveranno a ruota.

E arriviamo al tema della promozione, quel marketing costante di cui spesso sono stato accusato, ritenendolo alcuni lontano dal cosiddetto *understatement* ligure. Una promozione del «prodotto Liguria» che le opposizioni hanno definito «totismo», ma che in realtà ha proiettato la Liguria dall'ultima fila, dove l'avevano relegata i precedenti governanti, al palcoscenico mondiale.

Stare in disparte, non farsi notare, quando la qualità della tua vita dipende invece da quanti conoscono la tua offerta, non è esattamente una virtù, ma autolesionismo. Immaginare che spiagge, boschi, palazzi dei Rolli e le altre bellezze della Liguria, così come i porti, commerciali e turistici, i carrugi come le passeggiate a mare, siano a disposizione dei pochi che ci vivono, magari privilegiati, con la seconda casa in riviera e il gozzo ancorato a poco prezzo, possibilmente con pochi turisti tra le scatole a turbare la tranquillità e alzare i prezzi degli esercenti, è qualche cosa che non ci possiamo permettere nel mondo globalizzato.

A farne le spese sarebbero le fasce più deboli della popolazione, coloro che hanno bisogno e devono avere opportunità di lavoro e di crescita. I beni pubblici devono produrre benessere per tutti e il benessere è dato prima di tutto dal reddito derivante dal lavoro.

Quando nel lontano ormai 2015 vincemmo le elezioni in Liguria, una delle terre certamente più belle del mondo, più ricche di storia, geograficamente al centro di un'area ricchissima dell'Europa, ci stupimmo e non poco nel vederla completamente assente dal panorama mondiale. Non solo nel settore del turismo ma in ogni attività di promozione del territorio in generale. Allora decidemmo di inventare un marchio, che oggi è diventato tra i più popolari, che rappresentasse nell'insieme il mondo della Liguria e al tempo stesso la descrivesse come una terra aperta, di tutti, dove tutti erano benvenuti: nuovi cittadini, nuove imprese, nuovi investitori, nuove idee. Il marchio è «La mia Liguria» una scritta che oggi campeggia dal palco del *Festival di Sanremo* alle magliette delle squadre di calcio fino alle grandi fiere del turismo del mondo.

E proprio per far capire che la Liguria poteva essere la «mia Liguria» per tutti, senza diritti di nascita o di blasone, scegliemmo una testimonial totalmente estranea alla regione, una famosa donna sarda di origine e residente negli Stati Uniti, Elisabetta Canalis, ex velina, oggi influencer da milioni di follower nel mondo. E facemmo girare lo spot proprio a Los Angeles e non nei carrugi. Voleva essere il messaggio chiaro di una Liguria davvero aperta a tutti, internazionale, senza confini, moderna. Non il solito stereotipo, totalmente diversa dal territorio chiuso che avevamo trovato. Direi che i numeri dell'economia in questi anni ci hanno ripagato di quella scelta che ci costò anche qualche ironia, ma moltissima visibilità.

L'idea che la nostra terra avesse tutte le carte in regola per competere non è un'idea particolarmente originale: l'unione di natura, collocazione geografica, storia, arte e cultura, enogastronomia, ne fa qualcosa di unico e pregiato nel panorama mondiale. Questa è una considerazione che dovrebbero fare anche i governanti del Paese: la nostra storia e la nostra geografia sono asset che capitalizziamo troppo poco nel bilancio italiano. Noi abbiamo semplicemente deciso di investire e competere: se il *Festival di Sanremo* si fa in Liguria, che sia una gigantesca vetrina per il territorio, se il pesto è la seconda salsa più conosciuta al mondo dopo quella di pomodoro, ebbene facciamone l'ambasciatore del nostro territorio e della nostra enogastronomia. Se ogni weekend migliaia di giovani parte su voli low cost, treni e auto, diretti verso destinazioni che considerano «fighe», ovvero tali da soddisfare i propri desideri e le proprie aspettative di svago, perché tra quelle destinazioni non avrebbe potuto esserci la Liguria? Perché i carrugi e la loro movida non possono conquistarsi la fama e l'attrattività del Barrio Gotico di Barcellona. Perché Portofino deve essere considerata meno attrattiva di St. Tropez? Ciò accade solo perché sono meno conosciuti, o ancor di più perché nessuno, intorno a questi luoghi, aveva costruito un messaggio, una suggestione, un racconto attrattivo.

Da qui è cominciato il nostro impegno, non solo per far conoscere la Liguria, ma soprattutto per raccontare una Liguria diversa dall'immaginario consolidato fino a quel momento. Red carpet, concerti pop trasmessi dalle principali radio ascoltate dai giovani, un Capodanno in diretta nazionale che dura ben tre giorni, quasi fosse un gigantesco rave, feste, spettacoli. Una Liguria allegra, da vivere, anche un po' sopra le righe, per cancellare l'immagine sotto le righe costruita negli anni precedenti. Tutto doveva essere più grande, più bello, più vivo. Dall'intrattenimento alla cultura dove abbiamo fatto una campagna acquisti importante: Davide Livermore, ad esempio, il più noto regista teatrale, autore di tante prime della Scala, scelto come direttore artistico del Teatro Nazionale, le migliori mostre internazionali che devono fare tappa al Palazzo Ducale, l'orchestra sinfonica del Carlo Felice, spedita in giro per la Liguria per dare un tocco di magia ai nostri borghi più suggestivi. Tra l'altro si diceva un tempo che con la cultura non si producesse ricchezza. Il mondo in realtà ci ha dimostrato il contrario, con città che hanno cambiato la loro reputazione nel mondo grazie a iniziative come la Fondazione Guggenheim a Bilbao, nel cuore dei Paesi Baschi. E su questa strada abbiamo indirizzato la Liguria, se è vero, come riportano tutti i dati, che la regione è quella che ha prodotto maggiore reddito dalle sue iniziative culturali. La cultura, gli spettacoli, la presenza nel mondo tramite la comunicazione, ma anche e soprattutto i simboli di un territorio, le suggestioni, creano la reputazione. La reputazione crea aspettative. Le aspettative fanno crescere l'economia. Sono le famose profezie che si autoavverano, perché sono quei desideri e quelle aspettative della gente che hai stimolato a generare i comportamenti che fanno crescere il sistema e la ricchezza.

Quando un territorio diventa di «moda» attira professionalità, aziende, capitali, artisti, e il circolo virtuoso si alimenta. Lo abbiamo vissuto per moltissimi territori, senza forse renderci conto neppure del perché stesse avvenendo. Così come li abbiamo visti tramontare, senza una ragione prevalente. C'è stata la Swinging London della metà degli anni '60, legata alla prima moda trasgressiva di Mary

Quant, la musica dei Beatles e dei Rolling Stones, le gallerie d'arte. E dietro queste icone, un mondo economico si è mosso. Poi c'è stata la Gran Bretagna di Tony Blair, della globalizzazione e della finanza. Miami degli anni 2000, Barcellona delle Olimpiadi e del risanamento dei suoi quartieri più malfamati, dei film di Woody Allen, prima ancora la Parigi di Mitterand, con i suoi nuovi quartieri come La Defense, La Grande Arche. Berlino post muro, con la sua Potsdamer Platz firmata da Renzo Piano.

La stessa mano ha firmato uno dei simboli del rinascimento Ligure: il *waterfront* che sta ridisegnando il quartiere della fiera di Genova. Sarà la nostra Barceloneta, non solo un luogo di locali, di verde sul mare, di creatività con quella «Fabbrica delle idee» voluta da Piano stesso per ospitare e stimolare la creatività di tanti giovani. Soprattutto sarà un simbolo di vivacità, come un simbolo di efficienza è stato il ponte San Giorgio, come un simbolo di dinamicità è l'alta velocità ferroviaria che sta raggiungendo il capoluogo, come simbolo di bella vita e allegria sono i tantissimi locali aperti da altrettanti giovani imprenditori. Nel tempo della globalizzazione e dello *smart working*, della ricchezza prodotta da uno smartphone e da un Pc, le qualità di un territorio e la sua reputazione sono fondamentali per attrarre cervelli, talenti e soldi. Ciò diffonde il benessere. Le aziende si stabiliscono in Olanda, perché societariamente conviene, oppure in Irlanda, perché fiscalmente conviene, ma dietro questo poi cresce un mondo che si autoalimenta.

È chiaro che per clima, storia, cultura, arte, cibo, l'Italia sarebbe meglio di queste nazioni, e la Liguria, come la Costa Azzurra iperantropizzata, è una delle regioni più ospitali della Penisola: sul mare, vicina alle regioni industriali del Nord, con la qualità della vita alta dei piccoli centri, senza dover rinunciare a tutto ciò che offrono le grandi città. Per questo abbiamo lavorato per costruire il racconto di una Liguria protagonista, perché tutti vogliono vivere là dove sembra che tutto accada, dove ti senti al centro del cambiamento, dove ti senti protagonista. E anche in questo direi che abbiamo imboccato la strada giusta, che dovrebbe essere quella dell'Italia tutta, tanto che, nell'inverno demografico del Paese, e in particolare della regione che ho governato, la popolazione è tornata a crescere dopo decenni. Tanti sono tornati a casa, tanti hanno scelto la Liguria come nuova casa. E per farne una terra cosmopolita e ospitale, come deve essere una terra che vive di turismo, servizi e logistica, abbiamo introdotto anche lo studio della lingua inglese fin dall'asilo. Perché il dialetto è bello, ma l'inglese fa girare il mondo.

L'ultimo gioiello che abbiamo restituito alla Liguria è stato la Via dell'Amore alle Cinque Terre. Quando diventai presidente, il sentiero più famoso del Mediterraneo, a picco sul mare, patrimonio dell'Unesco come i borghi che collega, era crollato e inagibile. Nessuno aveva ancora un progetto per recuperarlo: si trattava di un'opera molto difficile, anche se la strada in sé non è più lunga di un chilometro. Trovai uno scandalo vero che dal giorno dopo il rovinoso crollo che l'aveva resa impercorribile nessuno si fosse messo al lavoro per recuperare un vero e proprio simbolo di quelle terre. Ci adoperammo su diverse ipotesi: alla fine trovammo quindici milioni di euro e i cantieri partirono. La via è stata riaperta alla fine di questo luglio. Ho potuto guardare la cerimonia da casa, dove ero ancora ai domiciliari, grazie alla diretta di Primocanale. Uno spettacolo straordinario. Anche in questo caso abbiamo utilizzato questa difficoltà per sperimentare nuovi approcci alla gestione di questo tipo di beni. Infatti, la Via dell'Amore è gestita da un privato ed è percorribile a pagamento. I soldi che verranno incassati serviranno alla sua manutenzione, assai onerosa. Non è stato un concetto facile da far passare, ma oggi, tramite la collaborazione tra pubblico e privato stiamo progettando il recupero di altri sentieri del parco delle Cinque Terre, lasciati in stato di abbandono pur di non affidarli a una impresa privata, che se ne assuma i costi di ristrutturazione, ma anche ovviamente gli incassi di chi vuole visitare quel luogo. Questo pregiudizio che ha impedito, spesso, in Italia di affidare monumenti, parchi, bellezze naturali e artistiche al business privato è qualcosa di ideologico e particolarmente miope, per un Paese che ha poche risorse da spendere e un gigantesco patrimonio da sfruttare in tal senso. Non credo sia difficile immaginare che le principali compagnie crocieristiche sarebbero pronte a sponsorizzare il restauro di sentieri, belvedere, fari, specie in zone di grande notorietà, ovviamente avendone un ritorno per i propri clienti, attraverso sconti, o accessi prioritari per le visite. Sono tutte ipotesi che avremmo voluto percorrere, se la tempesta giudiziaria non si fosse abbattuta sulla nostra amministrazione. Mi sono consolato con il *New York Times* che annunciava la riapertura di quel camminamento e invitava gli americani a non perdere l'occasione di visitarlo.

Fa rabbia pensare che vi sia ancora chi preferisce lasciare un rudere a deturpare il paesaggio piuttosto che affidarlo a capitali privati e farne una fonte di reddito. Chi lo fa non difende una idea di pubblico, ma un pregiudizio verso chi fa impresa. Io sono convinto che chi percorrerà nei prossimi anni quel sentiero, mano nella mano con il compagno o la compagna di vita, di fronte al tramonto, non si chiederà chi abbia messo i soldi per recuperare quel sentiero, ma perché qualcuno non l'abbia restaurato prima regalando a tanta gente la gioia di percorrerlo. E penso anche che quelle persone poi si fermeranno in un hotel, in un bar, in un ristorante, torneranno a casa con un traghetto. E qualcuno per questo troverà un lavoro e percorrerà a sua volta quella strada, magari senza la consapevolezza che quel chilometro ha cambiato la sua vita.

La Liguria, ieri e oggi. Forse l'Italia di domani

Lo abbiamo già accennato: la Liguria si prestava a un esperimento liberale. Anni di dominio assoluto di una politica totalizzante, radicalmente di sinistra, aveva reso la regione terreno fertile per una rivoluzione di senso contrario.

Era un esempio di egemonia culturale totale, estesa a ogni campo e ogni attività, con una vocazione all'appiattimento e alla omogeneizzazione tale da costringere la stessa politica a non avere picchi (di eccellenza), ma solo (grigi) funzionari. Lo si vede bene: nonostante il radicamento nel territorio, quel territorio non aveva espresso negli ultimi anni una classe dirigente capace di perpetuare sé stessa e neppure una ricetta politica degna di nota.

Quando arrivai per la prima volta da candidato, sembrava di vivere in un mondo costruito apposta per tarpare ogni eccellenza che la regione poteva sfruttare a proprio vantaggio per crescere, quasi che crescita e benessere fossero una minaccia stessa a quella egemonia politica e al suo opprimente controllo sociale. L 'intera retorica del racconto politico, costruita per giustificare tale immobilismo, era costruita sui miti del passato, non sulle possibilità offerte dal futuro. Il mito dei camalli e delle loro lotte sociali, il mito delle grandi fabbriche e della loro classe operaia, l'antifascismo militante là dove di fascismo francamente non vi era più neppure l'ombra.

L'idea che tutta questa costruzione politica ed economica non reggesse più all'avanzata del futuro e alla voglia della gente di cambiare era stata, come ho raccontato, l'idea che ci spinse a provare l'avventura in quel territorio considerato impossibile. La Liguria che trovammo dopo la vittoria era tutto il contrario di quello che, per morfologia territoriale, collocazione geografica e vocazione, doveva essere, se avesse voluto crescere ed eccellere in un mondo che stava cambiando in fretta. Ogni aspetto della vita economica era asservito alla necessità di continuità politica. Era sufficiente una rapida analisi per comprendere che la maggior parte dei punti di forza esistenti erano stati volutamente trascurati perché in contraddizione con la narrazione costruita negli anni. Una regione collocata geograficamente a fianco della Costa Azzurra e di Montecarlo non considerava il turismo come una vera e propria industria. «Non saremo un popolo di maggiordomi e camerieri» era lo slogan, molto snob, che esaltava i quarti di nobiltà di una classe operaia in via di estinzione denigrando, al tempo stesso, le professioni cosiddette di servizio, quasi comportassero un'umiliazione dell'uomo. Una lotta di classe al sapore di pesto. E per questo, nella patria della marineria italiana, pochi porti e quasi solo pubblici per un'offerta turistica che deve essere accessibile e popolare, senza alcun riguardo per considerazioni di mercato e concorrenza. Il *Festival di Sanremo*, una volgarità borghese estranea alla retorica progressista, era totalmente negletto, anche se si tratta della trasmissione più vista dell'anno sulla tv italiana, dunque uno strumento di promozione del territorio di rara potenza. I lavoratori dei porti, Genova, Savona, La Spezia, in concorrenza con le moderne piattaforme del Nord Europa o i nuovi scali dell'Africa, non dovevano essere formati ed esaltati per capacità ed efficienza, ma come presidio antifascista. La festa regionale, la caduta del governo Tambroni nel 1960, in memoria dei moti che impedirono il primo allargamento a destra dell'area di governo. Una sorta di monito anche per il futuro nella mente degli organizzatori di tale ricorrenza. La cantieristica da diporto, fabbriche per ricchi, contrarie alla lotta di classe, come i locali di Briatore e i marchi che pure dominano e orientano i consumi nel mondo. Il tutto raccontato dalla quotidiana retorica di un giornale, *Il Secolo XIX*, che, nelle viscere della sua redazione, considera la *Pravda* (non il *Wall Street Journal*) un modello cui ispirare il proprio giornalismo.

Potrei andare avanti a lungo in questo elenco di scelte antistoriche attraverso le quali la sinistra aveva costruito a propria immagine la Liguria che voleva, condannandola al sottosviluppo o, quanto meno, impedendole di sfruttare le sue infinte potenzialità. Genova, repubblica marinara dalla bellezza straordinaria, si vergognava a definirsi città turistica, la domenica i bar e i ristoranti dovevano rimanere chiusi, la folla di turisti che cominciava a scendere dalle prime navi da crociera si ritrovava in un deserto quasi volutamente inospitale. Dunque, una economia ferma, una società ripiegata su sé stessa, una politica impegnata affinché tutto restasse così. Eppure, la Liguria si prestava, forse più di ogni altra regione italiana, a essere qualcosa di diverso. Una sorta di esperimento di quel che avrebbe potuto essere l'Italia tutta, la Liguria come punta avanzata di una economia e di una società in rapida evoluzione. Un mondo – dati economici alla mano – che segna la maggior crescita proprio nei settori che la politica ligure osteggiava come nemici: turismo, logistica, cantieristica navale, agroalimentare, lusso, tecnologia, e ultimamente, anche l'industria della difesa, vista la situazione di grave instabilità di molte aree del mondo. Bastava guardare davanti e non indietro per trasformare la Liguria. Bastava leggere i segnali provenienti dalla realtà e applicarli, anziché contrastarli. Chi pensa che sia la politica a costruire il benessere sbaglia di grosso. Può impedirlo, come hanno fatto per anni i miei predecessori, o al massimo agevolarlo, attirarlo sotto forma di capitali, investimenti, creatività. La politica che crea ricchezza è quella che consente al privato di produrla, considerando il mercato, e chi lo frequenta alleati e non nemici. Regole semplici, tempi rapidi di risposta, tassazione equa. Questo è ciò che la politica può dare all'economia. Insieme alla sicurezza e la stabilità per i propri investimenti. E una giustizia giusta e non invadente, senza ugge di rivalsa sociale.

Quando inaugurai il nuovo porto turistico Carlo Riva di Rapallo, di cui vi ho già accennato, lanciai quello che per me era lo slogan della nostra amministrazione: «Venite a investire in Liguria, avremo cura e proteggeremo i vostri soldi come se fossero soldi pubblici dei nostri cittadini». Perché ogni impresa, ogni investimento che porta ricchezza è di interesse pubblico, non solo privato. È un patrimonio di tutti. Invece, troppo spesso un cortocircuito tra ideologia e ipocrisia distrugge o danneggia le opportunità di crescita sulle quali potremmo avere buone chance di leadership. Vi faccio un esempio di un fenomeno che può apparire secondario, ma ben svela una certa attitudine al fenomeno autolesionistico di cui sto parlando.

In questo momento l'industria della difesa ovviamente sta producendo tantissimo. Vista la situazione del mondo tutti gli Stati vogliono rafforzare i loro sistemi militari. L'Italia è uno dei principali produttori di armi d'avanguardia del pianeta e la Liguria ospita gran parte dei principali stabilimenti. A La Spezia e Sestri Levante, Fincantieri costruisce le fregate, i pattugliatori, i sommergibili che vendiamo nel mondo, Leonardo i sistemi di sicurezza e gestione, la Mbda, consorzio europeo, i missili e i proiettili di artiglieria. In questo sistema industriale all'avanguardia lavorano migliaia di tecnici e operai. Quando però una nave arriva nei porti liguri per caricare il prodotto ordinato e pagato, molti degli stessi gruppi politici o delle rappresentanze sociali più estreme, che passano la vita a denunciare il declino delle politiche industriali del Paese, si ritrovano fuori dai varchi dello scalo per impedire, in nome del pacifismo, la partenza di quei prodotti costruiti dal nostro sistema industriale, dai nostri tecnici e dai nostri operai. Ora è legittimo essere pacifisti, anche se spesso sono proprio le armi che costruiamo a garantire la pace con la loro deterrenza. Ma se è legittimo essere pacifisti, questa visione del mondo deve avere il coraggio di spiegare a chi lavora in quei cantieri che deve trovarsi un altro lavoro. Deve spiegare a chi ha investito i suoi risparmi in quelle aziende, fiore all'occhiello dell'industria nazionale, che perderà i suoi soldi e alle città che ospitano degli stabilimenti, che quei manufatti verranno prodotti altrove in futuro, magari in qualche luogo della Francia o della Germania.

Ecco, io invece sono orgoglioso della presenza di quegli stabilimenti in Liguria, delle straordinarie maestranze che vi lavorano, della sinergia con i nostri porti che spediscono quei prodotti in tutto il mondo. Da cittadino mi sento più sicuro se quelle fabbriche esistono, da lavoratore sono soddisfatto delle possibilità di occupazione e carriera che offrono, da governatore ho investito tutto il possibile per aiutare quelle imprese in termini di formazione professionale, capacità logistica, sinergia con la ricerca. E non l'ho fatto solo perché quel settore garantisce un pezzo importante del benessere collettivo della regione e del Paese, ma perché sono convinto che le armi prodotte da quelle fabbriche abbiano garantito più pace nel mondo di tutte le piazze sventolanti bandiere arcobaleno messe insieme. E abbiano impedito anche molte ingiustizie.

La Liguria, prima del nostro arrivo, è stata un vero e proprio crogiolo di contraddizioni di luoghi comuni di certa sinistra. Una sorta di Italia in miniatura di clichè desueti, ricette del passato, slogan propagandistici moltiplicata all'ennesima potenza. Neppure nelle rosse Toscana ed Emilia, ad esempio, la sanità privata è stata tanto demonizzata. Nella mia regione i privati che erogavano servizi di cura non superavano il 2 per cento delle prestazioni totali. Una politica, ovviamente, non orientata a soddisfare al meglio il paziente, o all'uso più razionale di ingenti risorse pubbliche. Per dare un'idea delle cifre, il sistema sanitario, solo in Liguria, costa più di quattro miliardi di euro ai cittadini.

Mi sono sempre chiesto se qualcuno avesse mai sentito un paziente che, arrivando in un luogo di cura, avesse domandato se il medico o l'infermiere che si sarebbero presi cura di lui fossero retribuiti da un'azienda pubblica o privata, o se avessero un contratto collettivo di sanità pubblica o privata. Chiederanno, come prima cosa, le referenze, se hanno di fronte sanitari preparati e competenti. Chiederanno, poi, se il servizio è gratuito, ma non certo i dettagli sul contratto di lavoro. Infatti, anche se a molti non piace ricordarlo, la maggior parte dei pazienti che lasciano la propria regione – Liguria compresa – per curarsi altrove, sono diretti ai grandi ospedali privati del Nord Italia: Humanitas, San Raffaele, per citare solo i più famosi, dove, esattamente come nelle strutture pubbliche, non pagano nulla e vengono curati con maggiore efficienza e rapidità.

Eppure, ancora oggi, in un territorio come quello che ho governato, il grido di una parte di politica è che occorre aumentare la spesa senza cambiare le regole. La sanità pubblica, quella che ha prodotto le liste di attesa di cui tutti si lamentano, sarebbe la soluzione al problema da lei stessa creato. Nella retorica di qualcuno, malattia e cura coincidono. E vi vorrei fare presente che la Liguria è una delle prime regioni d'Italia per numero di assunti in sanità rispetto ai cittadini. Nessuno però si chiede per quale ragione, se investo alcuni milioni di euro per prestazioni sanitarie nel privato, ricevo un certo numero di prestazioni, nel pubblico ciò invece non avviene affatto, per via delle regole che si è dato e delle loro rigidità.

Faccio un esempio subito comprensibile: se metto a bando di gara dieci milioni di euro per degli esami diagnostici, mettiamo delle Tac o delle radiografie, dai laboratori privati riceverò un certo numero di queste prestazioni, commisurato a quella somma erogata. Se gli stessi soldi vengono indirizzati alle aziende della sanità pubblica, non riceverò quasi nulla per il paziente, perché quei soldi finiranno in spese generali, spesso neppure ben specificate, e non vi è modo di costringere a erogare un numero identico di prestazioni concorrenziale con quelle erogate dal sistema privato. È una questione di approccio e di regole: nel sistema di sanità pubblica, un lavoratore non può essere spostato in un presidio diverso da quello in cui è stato assunto se la distanza supera un certo numero di chilometri, nel sistema pubblico un infermiere o un medico, anche se quel giorno il suo reparto è vuoto, non viene spostato, con flessibilità, là dove il suo lavoro sarebbe più produttivo. Per fare ancora un esempio pratico e paradigmatico di quanto sto dicendo, quando affidammo tutti i reparti di pediatria della Liguria all'eccellenza dell'ospedale Gaslini, con una sorta di gestione decentrata, i sanitari delle aziende sanitarie territoriali, o molti di loro, rifiutarono di trasferire il proprio contratto di lavoro presso il nuovo gestore. E il bello è che avevano diritto a quel rifiuto: nonostante il Gaslini sia l'ospedale pediatrico più blasonato del Paese, medici e infermieri potevano evitare di lavorarci.

Quello che ho descritto vale per l'Italia, e a maggior ragione valeva per la Liguria. Grazie al nostro faticoso lavoro, qualcosa è stato cambiato. Oggi in Liguria stanno aprendo i primi ospedali privati, il pubblico acquista prestazioni dal privato e magicamente le liste di attesa si stanno accorciando, oggi le farmacie fanno concorrenza per molti aspetti ai medici di medicina generale.

Non credete a chi dice che basterebbero più soldi per far funzionare la sanità. È pura retorica, ipocrisia di chi lavora al servizio del privilegio e non del cittadino. Menzogne utili solo a evitare di assumersi la responsabilità di riforme, forse sgradite ad alcuni lavoratori del settore, ma indispensabili per dare ai cittadini il servizio di cura di cui hanno bisogno.

Servono regole più flessibili, qualche privilegio in meno, tanta meritocrazia e più incentivi. Allora possiamo metterci anche più soldi. Senza fare ciò, sarebbero soldi sprecati. In un sistema dove competizione, concorrenza, merito, corsa all'eccellenza rappresentassero i valori, allora sì, maggiori risorse si trasformerebbero in servizi migliori per il cittadino. Facciamo così, mettiamo più soldi, ma solo sui premi di risultato, senza nessun aumento automatico per tutti. Allora cambierebbe davvero il mondo della sanità. Chissà perché sono proprio coloro che si riempiono la bocca con il salvataggio della sanità pubblica che quotidianamente la uccidono rifiutando ogni cambiamento e negando quello che è sotto gli occhi di tutti.

3
Riflessioni notturne di un accusato

L'onta di Berlusconi

Ci sono interrogativi sulla giustizia che mi trovo a porre a me stesso per la seconda volta. Quasi fosse un *déjà vu*, questa volta vissuto in prima persona, nelle lunghe sere passate nel giardino di Ameglia, solo, dal momento che mia moglie lavora a Milano e, pur standomi vicina il più possibile, durante la settimana spesso era richiamata da esigenze del suo ufficio. Mi sono ritrovato a rivolgere a me stesso, come protagonista di una vicenda giudiziaria, domande che mi facevo in un'altra epoca, un decennio fa, in serate ugualmente sconsolate, in un giardino assai più bello e più grande, quello di Arcore.

Erano gli anni della condanna di Silvio Berlusconi, gli anni che più mi videro vicino a lui. Una condanna che ritengo ancora oggi assurda, come assurdo ritengo l'impianto delle accuse che mi sono state mosse. Una sentenza che vedeva il Cavaliere condannato per questioni relative a una delle sue aziende, Mediaset, da cui era uscito un decennio abbondante prima. Allora nessun manager fu condannato per quei fatti, nessun consigliere di amministrazione, solo Silvio Berlusconi, che avrebbe agito come azionista scavalcando tutto e tutti. Neppure un coimputato in «concorso», il presidente del Consiglio più longevo della storia d'Italia avrebbe agito da solo, all'insaputa di tutti.

Ricorda un po' la surreale vicenda del mio coimputato Aldo Spinelli, tenuto, come me, tre mesi agli arresti, senza poter vedere neppure figlio e nipote, nonostante abbia passato gli ottanta da un po'. Senza poter giocare a scopone con i suoi tre amici storici. Senza alcun motivo legato all'inchiesta e alle indagini. Già questo meriterebbe una profonda riflessione circa la discrezionalità con cui i magistrati possono applicare la legge.

Nel caso di Berlusconi, dopo infiniti processi arrivò la Cassazione, una sezione feriale, quella che si riunisce durante il lunghissimo periodo di ferie dei tribunali. Arrivò la sentenza di condanna, la decadenza dal Senato, dovuta a una legge terribile, la Severino. Avvocatessa importante, ministra del governo Monti, oggi tornata alla professione, spero si sia pentita di quella norma che straccia il principio costituzionale di innocenza, ma solo per i politici. Sembra grillismo della peggior specie, in salsa milanese snob, con il loden allora famoso dell'ex primo ministro Monti.

Dopo tanti anni, posso dire che la politica non imparò nulla da quella vicenda, anzi, per lo più gioì nel vedere un formidabile avversario eliminato da una corte di giustizia invece che dal voto degli italiani, cosa risultata impossibile.

Qualcuno con il tempo si è ricreduto, dopo gli arresti subiti in famiglia e le tante inchieste. Uno su tutti Matteo Renzi, all'epoca giovane rampante leader del Pd, che, in cambio di qualche voto, sentenziò il famoso «game over» per il Cavaliere. Salvo poi recuperarlo come compagno di riforme nel famoso «Patto del Nazareno». Aveva bisogno dei voti di Berlusconi per tenere a bada la sua minoranza interna e approvare quelle riforme istituzionali che, perduto il referendum, lo avrebbero travolto. Una sorta di strana nemesi storica.

Insomma, ho pensato che le notti di chi ha a che fare con la giustizia si somiglino tutte. Viverle oggi in prima persona mi ha fatto meglio capire quelle di allora, e anche i tanti errori di valutazione che feci a quel tempo e negli anni successivi. La notte, quando tutti vanno a letto, è il momento in cui il senso di ingiustizia che per tutto il giorno ti ha perseguitato, ti ha spinto a mille telefonate con l'avvocato, l'unico che puoi chiamare, che ti ha portato a scrivere centinaia di promemoria e documenti, lascia spazio a un momento in cui il tuo organismo biologico ha bisogno di dimenticare quello che stai vivendo. Ho vissuto tutto questo nelle notti in cui mi sono rifugiato nella lettura di tanti romanzi trascurati. Vissi la medesima liturgia poco più di dieci anni fa, nelle notti di Arcore: Berlusconi non è mai stato ai domiciliari, ma l'affidamento ai servizi sociali con cui scontava la condanna prevedeva, assurdamente, che non potesse lasciare la propria dimora dopo le 23 e fino alle 7 della mattina dopo. Una stranezza volutamente punitiva: di quale crimine avrebbe potuto macchiarsi il Cavaliere uscendo al calar delle tenebre, come nei fumetti di Nick Carter?

La notte era il momento in cui veniva fuori il bisogno di normalità di un uomo eccezionale quale fu Berlusconi. E io ne fui testimone essendo spesso il primo a entrare e l'ultimo a uscire da quella villa, trasformata in ufficio, dove lavoravo al suo fianco. Nella sala da pranzo di Arcore, da una *boiserie* spuntava un televisore, neppure tra i più moderni per un uomo che la tv l'aveva fondata. Ed era allora, fino alle tre di notte, che il telecomando scorreva su vecchi film, commedie all'italiana, telefilm americani, di quelli che i canali locali danno in replica, una volta esauriti i passaggi sui grandi network nazionali. Su quei fotogrammi si perdeva il Cavaliere, come fosse solo. Io sono stato in quelle sere, finito il lavoro politico e le telefonate, un buon soprammobile da compagnia. Ogni tanto, la mia presenza era utile, quando il dottore, così lo chiamavano ad Arcore, voleva rievocare, più a sé stesso che a me, qualche ricordo che scaturiva dalle immagini: una vecchia serie di cui aveva, per primo, trattato i diritti, nei lontani anni '80, un attore a cui aveva fatto un contratto, un'attrice che aveva... conosciuto meglio delle altre.

Non c'era bisogno di commentare, ma solo di ascoltare. Se avesse voluto, Berlusconi sarebbe stato circondato da tutte le persone che voleva. A differenza mia, la sua era una condanna definitiva e non prevedeva il divieto di comunicazione con l'esterno.

La giustizia però è totalizzante. Era lui che non aveva voglia di parlare, di vedere gente, se non quella con cui poteva parlare della sua ingiustizia, oppure chi, come me, ormai presenza fissa tra le stanze della villa, quando il cervello staccava dalla giustizia, non imponeva uno sforzo di dialogo o socialità. Metà settimana a Milano, metà a Roma, nella casa-ufficio di palazzo Grazioli, perché – bontà loro – i magistrati avevano riconosciuto le esigenze di spostamento legate alla politica. A Roma le serate erano di certo più affollate, ma il sentimento era lo stesso. E non c'era modo di uscire da quello spirito. Qualsiasi cosa si dicesse, la ferita non si rimarginava. Ed è comprensibile, specie per un uomo così: come potevano dei signori che avevano vinto un concorso pubblico, come un qualsiasi funzionario, pagati dalle tasse che le aziende di famiglia pagavano in abbondanza, ritenere che Berlusconi, l'uomo che aveva tutto: soldi, imprese, consenso sociale ed elettorale, una enorme e bella famiglia, donne, anche troppe, avesse messo a rischio tutto questo per qualche milione di euro sottratti al fisco e ai bilanci di aziende che di tasse ne pagavano, appunto, centinaia e centinaia di milioni ogni anno.

Io sono certo dell'innocenza di Berlusconi. Se qualche peccato dovrà scontare, oggi che è salito lassù, non riguarda sicuramente il diritto penale italiano. Eppure, per un pezzo di Italia, quella condanna era il frutto dell'unico crimine che era stato possibile ai magistrati provare: in realtà Berlusconi, nella cultura del sospetto di certo giustizialismo, ne aveva di certo commessi molti altri. Questo era il teorema con cui i manettari di allora e di oggi giustificano ogni azione della magistratura. L'esempio più caro a quella cultura è legato a un caso storico, da film: Al Capone. Il boss di Chicago fu condannato, una pena stressata all'estremo, solo per evasione fiscale.

Non furono mai provati gli altri delitti, ma per chi ama la giustizia «furba», quello resta l'esempio. Un fatto, anche minore, che pure inchioda il «cattivo» alle sue responsabilità più gravi, mai provate, ma sicuramente esistenti. È un esempio di giustizia che a me ha sempre fatto profondamente orrore. Sostengo questo senza pudore. Le persone dovrebbero essere condannate solo sulla base di prove che reggano oltre ogni ragionevole dubbio. E con una pena commisurata al reato provato in aula, non alla supposizione degli altri crimini mai dimostrati. Sui fatti per i quali sei processato non può pesare il pregiudizio di altri fatti o comportamenti che possono comportare considerazioni morali, ma certamente non penali.

Mettiamola così, per me che sono un garantista convinto, se Al Capone non ha pagato le tasse è giusto che paghi, ma per quello, non che paghi altro supposto esistente, attraverso quello. Nella mia giustizia ideale, Al Capone è un evasore fiscale, certo, ma chi lo definisce un gangster compie un reato di calunnia, perché non è stato provato.

Ovviamente l'esempio di Al Capone è una provocazione estrema, ma fa da contraltare all'estrema ipocrisia con cui spesso si applica la giustizia e l'opinione pubblica valuta i processi. Ero e sono certo che Berlusconi fosse innocente per i fatti che lo videro invece condannato. Di più, credo fosse addirittura ignaro dei fatti di cui era accusato prima di ricevere l'avviso di garanzia. E non lo dico per affetto, che pure c'è sempre stato e c'è tuttora verso di lui e la sua famiglia. Lo dico con granitica certezza. Non esiste un ladro che, avendo un tavolo ricoperto di cibo pregiato, tanto da non riuscire a finirlo, si incarichi di rischiare di essere scoperto rubando il pane dal cestino del tavolo vicino.

Semplicemente non lo farebbe mai e, se lo facesse, non sarebbe colpevole lo stesso, perché dovrebbe essere dichiarato incapace di intendere e di volere per l'azione sconsiderata che ha compiuto, priva di ogni equilibrio tra rischio e beneficio. Il Cavaliere non era certamente incapace di intendere e volere, al contrario, sapeva misurare e ponderare ogni sua azione, anche quando sembrava il contrario.

Allora forse non compresi la profondità di quella ferita. Oggi sarei stato in grado di capire meglio cosa significa sentirti accusato di cose che tu addirittura reputavi un merito, qualcosa per cui essere premiato e ricordato. Anzi, peggio ancora, qualcosa che tanta gente ha considerato tanto ben fatto da accordarti la fiducia col voto, ma un signore in toga considera sbagliata, sulla base di una discutibile interpretazione della legge.

Certamente la mancata comprensione di sensazioni ed emozioni scoperte ormai troppo tardi, con le accuse di questi mesi, mi ha portato a fare una serie di errori nei miei rapporti con Berlusconi. Quando, ritenendo di fare il bene suo, il mio e del Paese, gli chiedevo con insistenza di trasformare Forza Italia in qualcosa di altro, più aperto, contendibile, di lasciare alla Penisola una eredità politica che prendesse esempio da lui senza essere necessariamente incarnata da lui, tutti questi ragionamenti, politicamente, a mio avviso giusti, non tenevano conto della lacerante ferita della condanna, che si sarebbe solo in parte sanata, molti anni dopo, con il suo ritorno prima nel parlamento di Strasburgo, poi al Senato della repubblica.

Berlusconi in sé non contestava il mio ragionamento, e neppure in qualche modo era attaccato al suo ruolo, sebbene non gli difettasse l'ego e avesse certamente ancora un vasto consenso. Quello che io chiedevo era semplicemente impossibile, anche se allora, prima di questi domiciliari non lo riuscivo a capire. La ferita da sanare era con la giustizia, non con la politica, e veniva prima di ogni altro ragionamento. E non poteva essere che una singolar tenzone, un duello corpo a corpo da combattere personalmente.

Fu un simile approccio, tutto umano e per nulla politico, a far saltare il Patto del Nazareno, sempre negli stessi anni. Mentre Berlusconi scontava la sua condanna, un'altra ben più afflittiva la stava scontando Marcello Dell'Utri, suo caro amico, braccio destro o sinistro – scegliete voi – da sempre vicino al Cavaliere.

Dell'Utri scontava una condanna per concorso esterno in associazione mafiosa, uno di quei reati fumosi, impalpabili, da cui è quasi impossibile difendersi perché si riferiscono a suggestioni più che a fatti concreti. Uno di quei reati inventati da una politica miope, vigliacchetta, in cerca di facile consenso, come il traffico di influenze, il voto di scambio, la corruzione impropria, fattispecie che, usate da certi Pm, diventano pistole cariche sul comodino di ogni persona che decide di fare politica o lavorare nella pubblica amministrazione.

Bene, il fatto che Dell'Utri scontasse una pesante condanna nel carcere di Parma, dove andai a trovarlo su richiesta proprio del Cavaliere appena eletto europarlamentare, pesava su Berlusconi quasi più della sua stessa condanna. Tanto più che, decaduto dal Senato, non aveva più neppure diritto a quel «sindacato ispettivo» delle carceri che spetta a ogni parlamentare e che gli avrebbe consentito almeno di vederlo.

Accuse fumose, elaborate e tramandate da una genia di procuratori che dell'antimafia hanno fatto una sorta di Chiesa neopagana, devota non alla giustizia, ma alla morale, vieppiù a senso unico, cioè alla loro morale. Non a caso, molti di quei giudici oggi militano o siedono alla Camera o al Senato per il Movimento Cinque Stelle. Questo dice molto della loro terzietà ed equidistanza. Guardate le carriere di molti di loro e capirete senza che io rischi querele, che ho già abbastanza a che fare con i tribunali per i prossimi mesi.

Come se non bastasse, da quegli uffici è partito lo scandalo del dossieraggio di Striano di cui anche io sono stato vittima. Una serie di informazioni passate a giornalisti amici, esclusivamente giornali di area Cinque Stelle e assimilabili con orientamento assai manettaro.

All'interno del Patto del Nazareno, che riguardava riforme costituzionali e legge elettorale, vi era anche un accordo non scritto di condivisione sulla elezione del nuovo presidente della repubblica. Il nome in questione era quello di Giuliano Amato, personalità di certo prestigiosa, per storia e sapere da insigne giurista. Di sinistra, quindi, teoricamente, di area politica vicina all'azionista di maggioranza di quel parlamento, il Pd, ma di storia e tradizione socialista, sottosegretario di quel governo Craxi che fu perno della crescita italiana degli anni '80 ed esponente di spicco della Prima repubblica spazzata via dalla magistratura. Dunque, un cristallino curriculum garantista, anche se poi la storia degli anni successivi tutta questa cristallinità l'ha un po' sbiadita.

Berlusconi conosceva Amato dai tempi in cui, vicino

al Psi, aveva cominciato la sua fortuna di imprenditore in quella «Milano da bere», diventata poi un simbolo negativo della politica, quando, in realtà, fu uno degli esempi di maggiore vivacità intellettuale, economica e sociale della nostra storia. L'unica esperienza politica in grado di tenere il passo con i grandi cambiamenti del mondo di quegli anni, guidati dall'America reaganiana e dalla Gran Bretagna della Signora di Ferro.

Potrei raccontarvi di quel congresso che si svolse all'interno del vecchio stabilimento Ansaldo dei Navigli, primo esempio di recupero urbanistico di una Milano che da industriale stava diventando la capitale del terziario e della finanza. Potrei raccontarlo perché io c'ero già, giovane ed entusiasta socialista a cavallo dei diciotto anni e del primo voto. Passò alla storia come il congresso della piramide di Panseca, ma sotto quella piramide si progettava il nuovo Piccolo Teatro di Strehler, si ascoltavano i leader del dissenso provenienti da oltre cortina. La storia, con Mani pulite, la fecero invece quelli che avevano applaudito Breznev, Andropov e Cernenko. Ma questa è un'altra storia, da approfondire in altra sede.

Torniamo al presidente della repubblica e al giorno in cui si ruppe il Patto del Nazareno. Posso raccontarlo in prima persona, perché bevevo il secondo caffè del mattino nell'anticamera dell'ufficio del Cavaliere a Roma. Mancavano pochi giorni al primo voto delle Camere. Un trafelato Denis Verdini arrivò per parlare urgentemente con Berlusconi. Denis, per la sua antica conoscenza fiorentina, era l'uomo di collegamento con il giovane nuovo segretario del Pd, ex sindaco a Palazzo Vecchio. Dennis aveva ideato e costruito il Patto del Nazareno, era l'unico che custodiva gli appunti olografi con i contenuti dell'accordo, tra cui quello con il nome del futuro presidente.

«C'è un cambio di programma Silvio» annunciò un Denis preoccupato. Il Partito democratico non regge il voto su Amato, la sua storia è troppo estranea sia alla vecchia «ditta» dei Ds, sia all'anima cattolica di sinistra che furono la Margherita e il vecchio Partito popolare, spazzato via proprio dalla discesa in campo di Berlusconi nel 1994.

Matteo, come confidenzialmente lo ha sempre chiamato Verdini, ovvero Renzi, ha deciso che si sarebbe votato Sergio Mattarella. Professore, vecchia sinistra democristiana, da molto assente dalla vita politica attiva, di assoluto rigore morale. Un candidato più coerente con la svolta impressa dal segretario al Partito della sinistra. Per la verità un buon candidato – pensai all'epoca – perché non avrebbe dovuto andare bene? Eppure, la preoccupazione di Verdini aveva un fondamento, e la reazione di Berlusconi, ma perfino quella di Fedele Confalonieri, che a Roma ha sempre diviso la casa con il Cavaliere e si trovava a passare da lì, furono furiose. Solo Gianni Letta, nella sua composta e gelida razionalità, cercava di spiegare che tutto sommato poco sarebbe cambiato per Forza Italia e il centrodestra.

Ma c'era un però. E quel però ancora una volta riguarda la giustizia. Berlusconi sapeva bene, come sapeva anche Confalonieri, che Sergio Mattarella, fratello di quel Piersanti, presidente della regione siciliana ucciso dalla mafia, non avrebbe potuto, oggettivamente, concedere la grazia a un condannato per concorso esterno come era Marcello Dell'Utri. E quella grazia, per Berlusconi, era fondamentale, perché avrebbe riparato, in parte, a una ingiustizia subita da un uomo per il solo fatto di essergli stato vicino. E avrebbe, in piccola parte, rimediato anche alle mancanze di una politica che non era stata in grado di far valere le proprie ragioni e le proprie prerogative di fronte a un teorema giudiziario che aveva travolto un pezzo di Paese. Basti pensare alla follia della trattativa Stato-mafia di cui ancora oggi subiamo gli strascichi e che ha macellato alcuni dei più bravi servitori dello Stato.

Ho raccontato tutto questo solo per dare l'idea di quanto abbia pesato, nella scala di valori di Berlusconi, la violazione della sua persona, della sua libertà, la persecuzione dei suoi amici da parte di certa giustizia. Quanto abbia pesato l'idea di avere armi spuntate per far valere i propri diritti. E l'ho raccontato perché allora non riconobbi questa importanza e alcuni miei errori di valutazione che ne seguirono furono frutto di quella sottovalutazione. Oggi, con la mia esperienza di indagato e recluso ai domiciliari, non rifarei quegli errori. Ricordo una lunga sera al Castello di Paraggi, tempo dopo. Berlusconi era lì dopo uno dei sempre più frequenti ricoveri al San Raffaele, che suggerivano un progressivo disimpegno, per il suo bene, dalla vita pubblica. Per lui però, quei ricoveri significavano anche che il tempo a disposizione per la sua riabilitazione non era più molto. Sotto di noi, seduti a un tavolo su uno dei magnifici balconi di quella casa, il blu della baia di Paraggi, la potenza del Mar Ligure, la gigantesca distesa di verde, mi ispiravano ragionamenti tendenti all'eternità. L'attenzione del Cavaliere era invece al presente, massimo al domani. Io parlavo della sua eredità di statista, di un partito che avrebbe ricordato per sempre la sua discesa in campo, che doveva essere lui a traghettare questo partito verso il futuro, collegandolo alla sua eredità ideologica di liberale, e sganciandolo dalla sua fisicità umana. Parlavo di strade da dedicargli come fondatore della Seconda repubblica, uno di quei fondatori che non lavora per le successive elezioni, ma per le successive generazioni. Mentre io parlavo di questo, Berlusconi pensava invece all'ingiustizia subita. E come tutti i combattenti, non avrebbe mai voluto una riabilitazione postuma, ma un riconoscimento da vivo del torto subito. Non ci capimmo. In teoria sono convinto che da consigliere politico gli stessi suggerendo la strada giusta. Da uomo sbagliai a pensare che le mie parole potessero mai ricucire quella sua ferita e il desiderio di riabilitazione.

Lo stesso giorno in cui morì, con il sindaco di Portofino decidemmo di dedicare una strada del borgo a Berlusconi. Lì aveva trascorso un pezzo della sua vita. Lì vive ancora Piersilvio, che ha deciso di far crescere i suoi figli proprio in Liguria, sobbarcandosi la fatica di fare spola tra il Tigullio e Milano, dove ha ormai saldamente preso in mano le redini di quello che fu il mondo delle aziende del papà. Quando penso alla passeggiata dell'Olivetta, oggi dedicata al Cavaliere, ripenso a quel pomeriggio a Paraggi. E ripenso a quel conflitto tra politica e giustizia che in Berlusconi si è incarnato per trent'anni. Lui ha avuto, tardiva, la sua riabilitazione, anche se alcuni non se ne fanno una ragione. Quando morì, lo salutammo dal grande schermo luminoso sul Palazzo della regione in Piazza De Ferrari, con una semplice scritta di ricordo. Un omaggio a un grande uomo di Stato. Le opposizioni giustizialiste e grilline gridarono allo scandalo. Un odio implacabile anche verso una persona scomparsa dimostra la misura esatta della qualità umana e istituzionale di quel mondo.

Nella calda estate del 2019 finì invece la mia storia in Forza Italia. Da tempo avevo maturato l'idea che fosse necessario fare qualcosa per invertire il cammino discendente di quel partito. Una discesa nei consensi che si riproponeva elezione dopo elezione. Continuavo a ripetere anche a Berlusconi, non rendendomi certo simpatico ai suoi occhi, che non poteva assistere a un declino che sminuiva anche la sua statura di leader: da fondatore del Pdl, un partito che raggiunse quasi il 40 per cento nelle elezioni del 2009, a capo di una formazione che a stento toccava i dieci punti percentuali.

Tanti avevano lasciato e lasciavano quotidianamente il movimento, diretti ad altri lidi. L'ultima scissione era stata quella di Angelino Alfano e del suo Nuovo centrodestra, ma ve ne erano state molte altre. Perfino Denis Verdini aveva battuto in ritirata, Fitto, e molti altri. Serviva una strategia per far tornare a casa tutti gli amici fuggiti nel corso degli anni, scacciati dalle faide interne e dai regolamenti di conti nella cerchia ristretta della dirigenza. Al tempo stesso bisognava dare certezza di un futuro a quel partito, perché le persone scelgono sulla base delle aspettative e non dei ricordi. Infine, a mio modo di vedere, il Cavaliere avrebbe dovuto fare un passo verso l'alto, trasformandosi da giocatore in arbitro, e lasciare che il movimento politico scegliesse la propria dirigenza attraverso primarie all'americana, così da costruire un percorso di selezione basato sul merito e sul consenso, tale da sopravvivere al Cavaliere e far sopravvivere il partito stesso. Era un cambiamento radicale rispetto ai metodi usati fino ad allora, che prevedevano la scelta di ogni ruolo da parte di Berlusconi. Tuttavia, ciò, nella mia idea, lungi da sminuire la figura del fondatore, l'avrebbe ulteriormente innalzata nell'Olimpo dei grandi della politica e al tempo stesso avrebbe costruito un sistema di *governance* del movimento tale da farlo durare nel futuro, a prescindere dai dirigenti del momento.

Devo dire che in quella estate del 2019, con la delicata mediazione dell'avvocato Ghedini, intelligentissimo, vero braccio destro di Berlusconi, provammo anche a percorrere quella strada, tra mille difficoltà. Fummo nominati Mara Carfagna e io coordinatori del partito, lei per il Sud, io per il Nord. Tajani era il vicepresidente.

Per sostenere la via della democrazia interna e delle primarie, con gli amici, nonostante i quaranta gradi romani, riempimmo il Teatro Brancaccio. Sembrava che qualcosa potesse davvero accadere, poi prevalse la reazione. Non fu neppure tanto difficile per una classe dirigente selezionata da anni di cooptazioni convincere il Cavaliere che quella proposta era una sorta di rivoluzione che sminuiva la sua persona. In effetti, era tutt'altro. Quando Mara e io emanammo la prima direttiva che congelava, in vista delle primarie, i coordinatori regionali del partito, fino ad allora padroni assoluti dei loro territori, Berlusconi sconfessò quella mossa in pochi istanti, su loro pressione. Il Cavaliere visse la nostra mossa come qualcosa che metteva in discussione il suo potere assoluto. In realtà non era così, né lo sarebbe stato. La sua autorevolezza sul partito era semmai un bene da preservare. Mettere in discussione una classe dirigente di cooptati avrebbe invece spinto tutti coloro che negli anni si erano allontanati, o, peggio, erano stati accompagnati alla porta perché ingombranti, a intravedere un nuovo spazio in cui fare ritorno, una casa parzialmente rinnovata dove potersi rimettere in gioco, con parità di opportunità, sulla base del merito e dell'impegno. Le forze della reazione, molte e potentissime, la difesa di rendite di posizione ormai consolidate, giocando sulla paura, fermarono ogni vento di cambiamento.

Il tentativo di trasformare Forza Italia in un partito repubblicano all'americana era finito nell'arco di due caldissimi mesi. Ci salutammo e ognuno andò per la sua strada, con qualche rancore iniziale, mitigato dal tempo. Non ci perdemmo mai di vista. L'affetto reciproco è sempre rimasto. Normalmente la prima telefonata di auguri, il primo giorno di ogni anno, era la sua. L'ultima fu il 1° gennaio del 2023, l'anno in cui purtroppo morì. Mi disse che avremmo dovuto vederci, rimettere tutti insieme, unire le forze per pesare di più. Musica per le mie orecchie, ma soprattutto la dimostrazione che il Cavaliere non chiudeva mai definitivamente la porta, né alle persone, né alle idee.

Il tempo non fu sufficiente ad approfondire il progetto. Oggi Forza Italia è sopravvissuta comunque al suo fondatore, naviga a mezza classifica, sostenuta ancora dalla famiglia Berlusconi, in attesa di una svolta. Una svolta che potrebbe avere il volto di un altro Silvio, con Pier davanti, chissà. D'altra parte Piersilvio ha già dimostrato di aver ereditato dal papà la capacità di gestione delle aziende in un mondo non facile e in continua trasformazione come quello dell'editoria. E oggi Piersilvio avrebbe quasi l'età che aveva suo papà al tempo della famosa discesa in campo. Sarebbe il modo di riprendere un discorso mai finito del tutto.

Con il presidente Mattarella, nel corso degli anni, ho intessuto un rapporto di reciproca cordialità, almeno da parte mia è così. Durante i momenti peggiori del Covid ricordo quando venivo convocato, da vicepresidente, insieme a Stefano Bonaccini, allora presidente della Conferenza delle regioni, perché il capo dello Stato voleva sapere il punto di vista delle regioni sulla pandemia. Così come ricordo la giornata in cui le forze politiche decisero di chiedere al presidente, che già aveva fatto i bagagli, di fermarsi al Quirinale per un secondo mandato. A me il presidente Draghi spiegò che Mattarella aveva manifestato un'apertura a un secondo mandato, fino ad allora categoricamente escluso. A dirlo al premier era stato Giuliano Amato che aveva avuto modo di conferire con il presidente durante un solenne evento della Corte costituzionale, dallo stesso Amato presieduta all'epoca. Ricordo anche che il presidente volle, data la delicatezza istituzionale, che a chiedere la sua disponibilità fossero i presidenti di regione e i presidenti dei gruppi parlamentari, entrambi organi di rango costituzionale. E così fu: salimmo al Quirinale poche ore prima del voto definitivo del parlamento in seduta congiunta. E il presidente Mattarella riportò le valigie al Colle più alto.

Il mio rapporto con il capo dello Stato era nato alcuni anni prima, appena dopo la mia elezione alla presidenza di regione. Quando assunsi la carica scoprii che i miei predecessori, pure immersi nella loro retorica, si erano completamente scordati di investire quel che serviva per ristrutturare la casa museo di Sandro Pertini, a Stella, suo paese natale nel Savonese. Fu con estrema soddisfazione che quei soldi furono stanziati alla prima riunione della mia giunta. Non solo perché, da giovane socialista, avevo una profonda ammirazione per quell'uomo e per la sua vita, nonostante a volte non avessi apprezzato alcuni accenni populisti. Chi ha sofferto, lottato e raggiunto gli obiettivi di Pertini può permettersi quasi tutto, a differenza di altri. Stanziai subito il denaro necessario per ristrutturare quella dimora museo anche perché volevo dimostrare nei fatti che il nostro non sarebbe stato il governo dei vandali ignoranti, anzi, al contrario, avremmo recuperato anche le inadempienze di chi ci aveva preceduto. Provai, con scarsa speranza per la verità, a invitare il presidente Mattarella a inaugurare quel museo ristrutturato, pensando che tra i mille impegni non avrei ottenuto risposta. Non solo invece la ebbi, ma fu positiva, e il presidente arrivò per tagliare il nastro e con grande interesse passò molto tempo in quella casa, dove insieme scoprimmo il letto dove dormiva Pertini, gli abiti che i familiari gli spedivano nel confino di Ponza, la sua bicicletta con cui usciva di casa per andare a fare propaganda antifascista.

Parlai con Mattarella molte volte ancora e tornò a Genova più volte: nei momenti tragici del ponte Morandi e in quelli altrettanto o forse ancora più difficili della pandemia. L'ultima volta che l'ho incontrato si era insediato da poco il governo Meloni. Bevemmo un caffè nel suo studio privato, soli, io e lui. Una gentilezza che mi ha riservato alcune volte. Ovviamente di quegli incontri non ho mai lasciato trapelare nulla, questo vuole il bon ton istituzionale e anche la fiducia che ti viene accordata.

Posso solo dire, da giornalista, qual è il mio mestiere, che i retroscena sui palazzi del potere, i loro inquilini e il punto di vista di questi, non sono quasi mai come li leggi la mattina in edicola.

La giustizia italiana e la resa della politica

Nei giorni dei domiciliari, oltre a studiare con maniacalità le carte delle accuse, ho passato decine di ore a interrogarmi su quelle che, oggi più che mai, mi appaiono come palesi storture del nostro sistema giudiziario. Mia moglie, più pragmatica di me, dopo aver ascoltato con pazienza, quasi ogni giorno, le mie arringhe, e pur condividendo nella sostanza le mie riflessioni, ogni sera chiosava allo stesso modo: «Ma se non c'è riuscito Berlusconi a cambiare la giustizia, ci riusciremo noi?»

Già, cambiare la giustizia: *«Vaste programme!»* avrebbe chiosato il sarcastico generale De Gaulle.

In effetti se i primi rappresentanti dei parlamenti nazionali, nati in contrapposizione all'assolutismo del sovrano, all'epoca titolare anche del potere di amministrare la giustizia, avessero avuto l'ignavia, la timidezza o peggio, la codardia della politica italiana degli ultimi trent'anni, quei parlamenti non sarebbero mai sopravvissuti e i loro rappresentanti avrebbero conosciuto presto le patrie galere o peggio i regi patiboli. Se invece oggi l'Occidente vive, nel suo complesso e, con alcune eccezioni come il nostro Paese, la pari dignità e l'indipendenza tra il potere politico e il potere giudiziario, lo si deve all'applicazione nei vari ordinamenti di quel pensiero liberale che teorizza la separazione e l'autonomia dei poteri dello Stato e agli strumenti posti per evitare sconfinamenti di campo, o anche solo possibilità di influenzare, con strumenti coercitivi, le dinamiche del potere confinante. Da qui nascono le garanzie e le immunità per chi rappresenta *pro tempore* il popolo sovrano. Così come, ai magistrati, sono riconosciute identiche garanzie di immunità e indipendenza. Tutti quegli istituti che, in Italia, sono stati smontati negli ultimi tre decenni, additati come strumenti di privilegio, erano e restano in realtà la solida base della democrazia liberale. Fondamenta ineludibili se si vuole vivere nella libertà.

Questi strumenti, queste regole, erano già appena sufficienti, limitati, per storia, ai parlamenti nazionali, mentre ormai, nell'evolversi della architettura istituzionale dei moderni Stati, gli organismi politici rappresentanti il popolo si sono moltiplicati. L'immunità parlamentare, l'impossibilità di sorvegliare, spiare, imprigionare, limitare comunque nella sua libertà un rappresentante democraticamente eletto senza il consenso degli altri rappresentanti suo pari, ovvero della sua assemblea di appartenenza o del suo governo, sono stati smontati uno dopo l'altro come privilegi di casta, mentre restano la base della sovranità popolare esattamente come il voto a suffragio universale. Il che non vuole ovviamente dire che si teorizza una immunità per qualcuno, ma significa che un membro della magistratura, per poter perseguire un rappresentante dei cittadini, deve chiedere il permesso ai rappresentanti dei cittadini stessi, e dimostrare, con fatti precisi e concreti, che la sua azione è necessaria e legittima, non frutto di arbitrio o semplice sospetto. Perché quella azione non lede solo la libertà o i diritti di un cittadino, ma quelli di tutti coloro che lo hanno scelto liberamente come loro rappresentante nelle istituzioni.

Certo, è stato più facile per la politica, soprattutto di fronte a casi di malaffare conclamato, presentarsi ai cittadini come disposta a rinunciare a ciò che può apparire, a un'analisi superficiale, come un privilegio, ma che in realtà era una prerogativa irrinunciabile, perché destinata a proteggere proprio quei cittadini e la loro rappresentanza. Per tre decenni ogni azione della politica è stata pervicacemente orientata a screditare sé stessa, e questa opera di autoflagellazione, applaudita da cittadini ai quali nessuno ha avuto il coraggio di spiegare che era proprio il loro potere a farne le spese, è cominciata ben prima della ciliegina sulla torta portata dal movimento grillino e dallo slogan «uno vale uno» con corollario di piazze ululanti.

Alla rinuncia alle immunità della carica, si sono aggiunte poi la cancellazione del finanziamento ai partiti, con l'ipocrita teoria che ogni soldo dato alle forze politiche non era costo della democrazia, ma privilegio di casta, poi molto altro, dalla vendita all'incanto delle auto di servizio, alla limitazione dei voli di Stato, quasi che un ministro della repubblica fosse equiparabile a un ragazzo in partenza per il Salento con una compagnia low cost.

Potremmo andare avanti, con i processi per le spese pazze delle regioni, per lo più finiti con assoluzioni. Passo dopo passo, ogni magistratura dello Stato è stata messa nelle condizioni di poter essere supplente della politica: concretamente, intervenendo nel processo di decisione, ma anche moralmente, come se un'aula giudiziaria fosse più adatta di un consesso di eletti nello stabilire la virtù di comportamenti e costumi.

È in questa supplenza morale che un parlamento impaurito e annichilito dalle grida populiste ha abdicato al suo ruolo, producendo alcuni dei peggiori abomini giuridici della storia recente. Voto dopo voto, invece di difendere la autorevolezza, l'ha sconfessata, riconoscendosi di fatto nelle critiche che erano mosse alla «casta» dei suoi rappresentanti.

È in questo clima che si inserisce anche l'inchiesta che mi riguarda. Ben radicata, per impostazione, nella morale. Basta leggere le carte, i termini usati per descrivere le situazioni, il sinallagma costruito non sui fatti, ma sulle suggestioni: luoghi giudicati inappropriati, come lo yacht in cui si svolgevano alcune riunioni, diventano prova di decadenza morale, e dunque anche di colpevolezza giuridica. Un giudizio etico, prima che penale, per il quale due imprenditori identici che si rivolgono a un amministratore per chiedere un legittimo interessamento, vengono giudicati diversamente a seconda dei rapporti che intercorrono tra l'imprenditore stesso e il politico. Non si valuta la correttezza della pratica, ma la moralità della relazione perché la cultura del sospetto vuole che qualcosa sotto ci sia, anche se l'atto giudicato è perfettamente legittimo. Producendo, così, una assurdità logica ancor prima che giuridica: se uno rivendica un suo diritto e non ha finanziato mai la politica, è santo, ma se ha finanziato la politica quello stesso diritto, quella stessa pratica dovuta diventa arbitrio e corruzione. Nel rapporto tra politica e giustizia questo piano inclinato tutto pendente a detrimento della prima va avanti da molto tempo. Funziona come gli aumenti della benzina: quando il prezzo del petrolio cresce, cresce il costo del carburante al distributore, ma quando cala, come sanno bene gli automobilisti, il prezzo della benzina non scende di conseguenza.

Bene, anche nella giustizia avviene così: quando un crimine indigna l'opinione pubblica, la politica risponde con norme sempre meno garantiste, che poi vengono usate, ovviamente, anche e soprattutto fuori da quel contesto, cancellando garanzie per tutti.

Anche la comunicazione è sbilanciata a favore della giustizia. Gli investigatori delle procure nei grandi casi di cronaca diventano i giustizieri di un Paese assetato di sicurezza. Dei diritti dell'accusato pochi si interessano, tranne qualche meritevole opinionista, in tv e sui giornali, che spesso si attira pure l'antipatia della massa, additato come difensore del mostro da sbattere in cella al più presto. L'opinione pubblica infatti tende a identificarsi con la vittima di un crimine, raramente con la vittima di una giustizia iniqua. Anche se, devo dire, nel mio caso è vero il contrario. La solidarietà e la vicinanza sono state assai più forti dello spirito di condanna, quasi inesistente se escludiamo quello legato all'odio politico.

Quando però, e la storia del Paese è piena di questi casi, un giudice sbaglia, una legge scritta male impedisce i giusti e legittimi diritti di difesa e, dopo molti anni, in alcuni casi anche trenta, ci si accorge che la giustizia ha prodotto in realtà una ingiustizia, nessuno si interroga su cosa si dovrebbe cambiare per impedire che accada di nuovo. Sarà che sono toccato di persona, ma mi preme ricordare che quasi tutte le inchieste politiche, da tangentopoli in poi, sono finite in nulla. Quelle poche che hanno trovato un colpevole, spesso lo hanno fatto sulla base di leggi che non sanzionano un reato commesso, ma un atteggiamento strumentalmente venduto all'opinione pubblica come un comportamento riprovevole. Vale per moltissime leggi inventate in questi anni: ad esempio la legge sul voto di scambio, che può essere usata contro ogni politico del mondo, basta che faccia una promessa elettorale. L'assurdità è che tutte queste leggi sono state scritte e votate da quegli stessi politici che sanno perfettamente di poterle infrangere, con i propri comportamenti, assolutamente normali, quasi ogni giorno.

Berlusconi aveva mille buone ragioni per criticare il sistema giudiziario italiano ma, come la maggior parte dei garantisti, sbagliava il bersaglio. Non sono i magistrati i colpevoli di questo gigantesco squilibrio tra politica e giustizia, è la politica stessa a essere la prima colpevole. I magistrati possono interpretare male le leggi, in buona o cattiva fede, ma è la politica che ha dato loro quelle leggi che consentono tali interpretazioni.

Il filosofo francese Montesquieu lo scriveva già nella metà del '700: chiunque abbia potere tende ad abusarne, espandendo i suoi limiti fino a quando non trova un argine che lo ferma. E quell'argine doveva metterlo la politica. La situazione non cambierà finché non vi sarà una vera e propria rivoluzione culturale nella classe dirigente. Fino a quando qualcuno non avrà il coraggio di dire che il principio cardine di un sistema giudiziario non può che essere: meglio un colpevole fuori che un innocente dentro. L'esatto opposto di quanto è stato teorizzato, a ogni livello, in questi anni.

Questo assunto dovrebbe essere ancor più valido quanto più è efferato il crimine sotto processo, quanto più dalla piazza arrivi il grido populista di «buttiamo via le chiavi». Perché servirebbe una politica capace di spiegare a chi sta urlando in piazza che un giorno nell'aula potrebbe esserci lui e in quel caso vorrebbe una legge attenta alla sua difesa, più che una accusa assetata di vendetta sociale.

Invece il sistema politico e legislativo italiano ha seguito più o meno lo spirito del tempo, lasciando la giustizia a sguazzare in gigantesche ipocrisie che tutti conoscono ma nessuno vuole cambiare, o assumersi la responsabilità di quel cambiamento. L'organizzazione giudiziaria italiana si basa su alcuni pilastri retti da una ipocrisia che tutti ammettono a mezza bocca, ma nessuno sembra disposto a combattere per cambiare. I magistrati giudicanti e la pubblica accusa sono colleghi di carriera, gli uni dipendono e influenzano la carriera degli altri. Obbligatorietà della azione penale vuol dire che tutti i reati vanno perseguiti allo stesso identico modo, ma, siccome non ci sono mezzi a sufficienza, decide di fatto il procuratore secondo le sue sensibilità, portando avanti o lasciando indietro le pratiche secondo il suo proprio e unico arbitrio. A cambiare qualcosa, il minimo, ci sta provando oggi il ministro Nordio, che dalle fila della magistratura proviene. Io gli auguro buona fortuna, l'analisi della storia ci ricorda che non è facile portare a termine questo proposito. Se anche Nordio ci riuscisse, sarebbe solo un primo timido passo per ristabilire un po' di equilibrio. Eppure, concettualmente, sarebbe perfino semplice stabilire regole che riportino in equilibrio il sistema, con maggiore efficienza e percezione di giustizia. Anche in questo caso le regole a cui mi riferisco, come accade spesso in queste pagine, attengono alla responsabilità individuale, al merito di ciascuno e alla ricompensa dello stesso. Cosa poco praticata in generale in Italia, totalmente ignota nel sistema giudiziario, che non conosce neppure il più banale dei concetti: quello della responsabilità per le proprie azioni.

Da anni si lavora alla cosiddetta «separazione delle carriere» tra le procure della repubblica, che rappresentano nel processo l'accusa, e i giudici di merito, coloro che, con varia composizione delle coorti, valutano la fondatezza di quelle accuse. Oggi, sia gli uni sia gli altri rispondono allo stesso organo di autogoverno, il Consiglio superiore della magistratura, che ne decide carriere e mobilità tra un ufficio e l'altro. Fanno parte della stessa organizzazione del lavoro, hanno sedi comuni, spesso uffici uno accanto all'altro. Possono cambiare ruolo e un accusatore può trovarsi a fare il giudice o viceversa. Le promozioni poi, per la verità, avvengono quasi tutte per anzianità di servizio e non per i risultati raggiunti.

La riforma che il ministro Nordio sta portando avanti, direi nella indifferenza dei più e accompagnata dalla ostilità dei partiti giustizialisti, ha come obiettivo di separare almeno le carriere tra queste due tipologie di magistrati. Il ministro di Grazia e giustizia, per molti anni magistrato lui stesso, prevede di dividere le carriere tra pubblici accusatori e magistrati giudicanti e propone due consigli superiori, ognuno dei quali deputato a governare uno dei due rami in cui si dovrà dividere la magistratura.

Sarà un passo avanti certo, se si riuscirà a farlo, ma siamo ancora lontani da quanto servirebbe. Tanto – bene tenerlo presente subito – anche se la riforma entrasse presto in vigore e le carriere venissero davvero separate, ci vorranno anni perché ciò provochi un vero effetto. Gli uffici saranno comuni ancora per molto tempo, prima di trovare nuovi spazi e nuove attrezzature. Molte generazioni di magistrati, cresciuti come colleghi negli uffici adiacenti l'uno all'altro, continueranno a considerarsi parte della stessa categoria. Ci vorrà molto tempo perché pubblica accusa e giudice si considerino diversi e per certi aspetti antitetici, esattamente come oggi i magistrati considerano gli avvocati.

Vi sono però almeno altri due importanti elementi che andrebbero riformati, per sconfiggere quella ipocrisia che ricopre diffusamente l'amministrazione della nostra giustizia. Il primo è l'obbligatorietà dell'azione penale. Considerando, falsamente, tutti i reati ugualmente importanti e tutti da perseguire con lo stesso impegno e la stessa determinazione, si è costruito un falso filosofico che produce il massimo dell'arbitrio e della discrezionalità da parte della procura della repubblica, che sceglie senza nessun vincolo dove accendere i propri fari, con quale priorità e con quali risorse. Sappiamo bene tutti che non è vero: non tutti i crimini possono essere perseguiti con uguali mezzi, tempi e attenzione. Le procure non potrebbero farlo neppure se volessero, vista la scarsezza di risorse. In questa totale indeterminatezza circa le priorità, ogni magistrato ovviamente dedicherà il suo tempo, la sua attenzione, la sua polizia giudiziaria verso ciò che lui stesso, o la sua procura di appartenenza, ritiene più utile, più interessante, più premiante. Ci sarà il magistrato che ama la notorietà e si dedicherà per lo più a processi con imputati celebri, da prima pagina. Ci sarà colui che ha una maggiore sensibilità, sociale o, ahimè, anche politica verso un particolare tipo di crimine. Insomma, dietro la ipocrita uguaglianza di trattamento di ogni reato, si cela il totale arbitrio di ogni accusatore, libero di scegliere senza alcun indirizzo o priorità dettati invece dalle esigenze di chi gli paga lo stipendio, cioè i cittadini.

Questo sistema è solo italiano, offre un potere discrezionale enorme agli accusatori e sottrae ancora una volta alla politica un potere che dovrebbe essere invece sua responsabilità. Accade in America, accade in Francia, ma accade nella maggior parte delle democrazie del mondo. Sono gli eletti dai cittadini a indirizzare l'impegno e l'impiego di mezzi della giustizia, insomma a indicare ai funzionari dello Stato, tali sono i Pm, quali reati secondo i cittadini e gli elettori sono da perseguire e sconfiggere con maggiore impegno.

Non che gli altri ovviamente non vadano tenuti in conto, ma se si deve scegliere, non sceglie il funzionario, bensì il governo o il parlamento, a cosa sia più utile dare la priorità. Perché questo fa parte del patto con i cittadini. Normalmente è il ministro della Giustizia a proporre al parlamento l'elenco delle priorità che gli uffici della pubblica accusa devono seguire, esattamente come tutti gli altri rami della pubblica amministrazione seguono le direttive dei propri rappresentanti politici e del parlamento. Se nel programma politico di una coalizione di governo si è promesso di ridurre i reati predatori, lo spaccio della droga, il contrasto alla immigrazione clandestina, la corruzione, a questo dovranno attenersi le procure nel definire le loro priorità. Cercando, ovviamente, di indagare su tutti i reati e trovare tutti i colpevoli, ma non sulla base di una propria scala di priorità, ma sulla scala di priorità data dagli elettori con il proprio voto e dunque dai rappresentati eletti. Negli Stati Uniti questo principio è talmente sacro che il procuratore è addirittura eletto dai cittadini, mentre il giudice è una figura terza.

Il secondo tema da affrontare è quello del merito e della capacità. La giustizia italiana è ingiusta perché nessuno è chiamato a rispondere dei propri errori. Ogni lavoratore è misurato, o dovrebbe esserlo, in un sistema giusto ed efficiente, sulla base dei risultati che consegue e degli errori che commette. Avviene così quasi ovunque nel mondo, tranne che nella nostra pubblica amministrazione e in particolare nella magistratura. La carriera di un magistrato dovrebbe essere basata sulla sua capacità di perseguire e condannare colpevoli ed evitare di accusare innocenti. Non è difficile, ogni Pm dovrebbe acquisire crediti professionali per ogni processo istruito che porti a una condanna definitiva, ma allo stesso tempo dovrebbe accumulare debiti per la propria carriera per ogni accusa che si risolve in una assoluzione. Fino all'estremo per cui, se le assoluzioni degli accusati sono superiori alle condanne, si arrivi a valutare l'inadeguatezza di quel magistrato al ruolo di accusatore.

Lo stesso vale per i magistrati di merito. Se le condanne vengono confermate dalle successive corti è un merito, se annullate o modificate, demerito. È il sistema con cui si valuta ogni attività umana: il tasso di appropriatezza con cui valutare il lavoro svolto nella magistratura però non esiste, non esiste un principio di responsabilità. Se un'accusa temeraria sbarrasse la strada a carriera e stipendio, se ogni condanna errata pure, l'esercizio della giustizia troverebbe maggiore equilibrio, maggiore efficienza, maggiore equità.

Un'ultima considerazione riguarda i ruoli apicali della magistratura giudicante, dove si dovrebbe arrivare al termine di una importante carriera, non solo tecnico-professionale, ma anche umana e sociale. Questo per garantire quell'equilibrio e quella moderazione personale che non sono date dalla conoscenza del diritto, o, almeno non solo, ma anche dall'esperienza di mondo, dalla soddisfazione personale, dal credito goduto, dalla impermeabilità all'ambizione di piccolo cabotaggio. Insomma, per amministrare giustizia ai massimi livelli non basta aver vinto un concorso, serve quella saggezza che deriva da una vita notevole, gratificante verso chi l'ha vissuta, tale da disinnescare ogni pulsione umana tranne la ricerca di stima pubblica. Per questo, ad esempio, negli Stati Uniti, così come in altri Paesi di quella cultura, molti tra i giudici più importanti vengono scelti tra le personalità del mondo del diritto: avvocati, professori che già hanno alle spalle una carriera importante.

Poi, se il parlamento scrivesse delle leggi con un margine minimo di interpretazione farebbe solo il bene del diritto. Se un politico che si interessa a una pratica di un imprenditore, pratica legittima che darà posti di lavoro e ricchezza, piò essere accusato di corruzione, capite che qualcosa non va. Ho detto «pratica legittima» in quanto approvata e autorizzata da tutti gli enti di controllo. E se un imprenditore, soddisfatto da una politica che finalmente lo ascolta e richiama la burocrazia ai suoi doveri di celerità ed efficienza, decide di finanziare quella politica, diventa un corruttore, capite bene che ogni azione della politica diventa giudicabile dal potere parallelo e concorrente della magistratura.

E ciò non incide solo sul destino individuale del singolo uomo di partito, ma soprattutto sulla possibilità dei cittadini di tracciare la rotta di un intero Paese, commissariato da leggi sbagliate e interpreti privi di controlli e limiti.

Il finanziamento della politica e il trionfo dell'ipocrisia

Sono sempre stato contrario al finanziamento pubblico dei partiti. Non tanto perché grava sulle tasche dei cittadini, cosa in sé non scorretta. Se si vuole vivere in una democrazia, dove i partiti si confrontano davanti agli elettori in campagne elettorali, è giusto che la collettività se ne faccia carico. Lo prevede anche la nostra Costituzione, con cui molti si riempiono la bocca, talvolta a sproposito. Chi dice il contrario fa solo becero populismo. La politica che non costa nulla non esiste. Anzi, semmai abbiamo investito poco nella politica come sistema Paese. Oggi nessuna forza ha più una scuola di formazione per amministratori, un centro studi, la possibilità di affiancare ai propri leader una squadra di tecnici di rango e retribuirli. Cosa, ad esempio, che avviene in Germania, dove i principali partiti hanno al loro fianco fondazioni importanti, sostenute con denaro pubblico.

Che la politica costi, è un dato di fatto in ogni democrazia. Più si vuole una politica di qualità, più si vuole un sistema di accesso libero del cittadino alle cariche elettive, più occorre investirci dei soldi di tutti, per evitare che il censo diventi indispensabile per dedicarsi alla vita pubblica. Ritengo che il metodo migliore per finanziare la politica sia quello americano, o comunque di tradizione anglosassone, dove, la raccolta fondi, la quantità dei soldi raccolti, in modo pubblico e trasparente, per sostenere un presidente, un senatore, un governatore o un sindaco, è parte integrante della campagna elettorale stessa. L'importante è che tutto avvenga sotto gli occhi dei cittadini, con regole chiare e semplici, senza l'ipocrisia che avvolge, ad esempio, le norme del nostro Paese, che pure prevedono il finanziamento privato della politica.

Gli elettori, per formare il proprio giudizio e votare consapevolmente, devono sapere quali saranno le politiche di colui che scelgono con il proprio voto e devono sapere dunque, senza infingimenti, che tali politiche saranno influenzate, anche, dalla provenienza dei fondi che sostengono quella campagna elettorale.

Negli Stati Uniti, la raccolta fondi è un indicatore stesso della salute di una candidatura: se nessuno versa denaro i casi sono due: o la sua politica non piace ai possibili contributori, oppure non ha alcuna chance di vittoria. Oltre oceano la raccolta fondi dei candidati arriva a incidere sullo *spoil system*, ovvero sulla formazione della squadra che affiancherà il politico eletto nel suo governo e nell'amministrazione. Se una grande associazione ambientalista, ad esempio, raccoglie fondi importanti per un partito o un candidato, pretenderà di dire la sua sul futuro ministro e su altre figure chiave legate ai dossier per i quali ha un interesse. Se l'associazione dei petrolieri fa lo stesso, per un altro candidato, ovviamente vorrà incidere sulle politiche energetiche del Paese. Se a finanziare sono i grandi fondi di investimento, facile pensare che le tasse sulle rendite finanziarie non aumenteranno, se sono i sindacati a dare una mano economica, tramite sottoscrizioni tra i propri iscritti, saranno le imposte sul lavoro a diminuire.

Insomma, i principi base sono la trasparenza e la totale assenza di ipocrisia: come gli elettori scelgono dove mettere la croce sulla scheda pensando alle proprie convinzioni, al proprio tornaconto individuale o di categoria, così ugualmente faranno i finanziatori della politica, individuali o collettivi che siano. Non stiamo parlando solo di singoli grandi finanziatori: multinazionali, petrolieri, giganti del web, come i populisti contrari a questo sistema amano raccontare, descrivendo un sistema asservito ai grandi poteri economici. Questo sistema anima, al contrario, un gigantesco meccanismo di raccolta fondi, fatto da associazioni, fondazioni, enti di vario genere, *lobbies*, che si incaricano di raccogliere anche piccole somme da ogni cittadino per orientarle là dove un candidato dia maggiori sicurezze circa le scelte che farà una volta eletto.

In America, durate la campagna presidenziale, è noto che i grandi finanziatori vengano invitati a dormire nella camera che fu del presidente Abramo Lincoln alla Casa Bianca, o a incontri privati con il presidente a Camp David. Esattamente come lo sfidante prometterà le stesse cose ai suoi sostenitori. Perfino i selfie ai comizi e le prime file delle *convention* sono riservati a chi dà il proprio contributo economico alla campagna. Con questo metodo, sono sempre i cittadini a pagare il conto della democrazia, come lo farebbero attraverso il finanziamento pubblico, attraverso le loro imposte pagate. I soldi infatti provengono dai risparmi dei singoli, dagli utili delle imprese, dai consumi del merchandising. C'è una grande differenza però rispetto al finanziamento pubblico: questo sistema consente a ognuno di scegliere su chi puntare i propri denari e perfino se farlo o meno. Il finanziamento è un atto volontario, non coercitivo, e per questo costringe la politica a impegnarsi, a dichiarare le proprie idee, a prendere impegni precisi, a corteggiare i suoi sostenitori per accaparrarsi quei fondi.

Al contrario il finanziamento pubblico dei partiti, pagato con le tasse di tutti, distribuito in modo più o meno piatto a prescindere dalla capacità di attrazione del singolo, permette alle forze politiche di presentarsi alle elezioni con programmi strampalati, populisti, irrealizzabili, tanto non devono convincere nessun «azionista» della bontà della propria ricetta. I soldi arriveranno per il tramite della mano pubblica che si incaricherà di prenderli dalle tasche dei cittadini, a prescindere dalla loro volontà. Un meccanismo che, a mio modo di vedere, ancora una volta non premia la serietà e il merito, l'impegno a conquistare non solo il cuore, ma anche il portafoglio dei sostenitori. Consente invece, al contrario, di promettere posizioni estreme, economicamente insostenibili o socialmente irrealizzabili, senza tenere conto della realtà o degli interessi degli *stakeholder* del sistema: tanto la campagna elettorale sarà pagata da tutti i cittadini, con i soldi prelevati dalle loro tasse, senza che abbiano possibilità di scelta.

Scegliere chi sostenere con i propri soldi è invece elemento essenziale di libertà. Nessuno dovrebbe obbligarmi, usando i proventi delle mie tasse, a sostenere un'idea in cui non credo. Proviamo a fare qualche esempio semplice: se un ambientalista volesse proporre di trasformare tutte le spiagge italiane in oasi naturali, proposta assolutamente legittima, per quale ragione però un imprenditore titolare di una concessione balneare dovrebbe sostenere, involontariamente, con le sue tasse, quella politica dannosa per i suoi interessi? Saranno le associazioni ambientaliste o gli amanti delle spiagge libere a tassarsi volontariamente per raccogliere fondi per quel candidato e quel progetto. Potremmo andare avanti a lungo: chi sostiene una transizione ecologica rapida avrà il sostegno economico di chi fa pannelli solari, chi pensa che si possa cambiare il nostro modello energetico con maggiore prudenza avrà quello dei proprietari dei distributori di benzina. E così via.

Perché un cittadino ha diritto al voto, libero e segreto, per dare il proprio consenso a chi ritiene meglio per sé, e poi dovrebbe vedersi tassato per finanziare con i propri soldi partiti che non stima, o addirittura ritiene ostili ai propri interessi politici, economici e sociali? Se vorrà, esattamente come può scegliere per chi votare, e anche se votare o meno, potrà scegliere se e chi sostenere con i propri soldi. Questo è un sistema parzialmente adottato anche nel nostro Paese, dopo la cancellazione del finanziamento pubblico ai partiti. Una scelta fatta nel decennio scorso, sotto la pressione populista dei grillini, affiancata da un certo qualunquismo del Pd renziano dell'epoca. Come spesso accade purtroppo nell'ipocrita sistema del nostro Paese, la politica però non ha saputo dare regole chiare al sistema del finanziamento, per evitare le critiche di coloro che ritengono ogni elemento economico affiancato alla cosa pubblica qualcosa di losco ed esecrabile. E invece di puntare su trasparenza e chiarezza, hanno puntato le nostre norme sull'ambiguità e l'opacità. Quasi che raccogliere tanti fondi, quindi avere molta fiducia, fosse sinonimo di deriva morale. Di qualcosa di losco.

Da questo nasce il cortocircuito dell'inchiesta genovese, che ha tradotto in atti giuridici un processo morale. Con una serie di palesi forzature, come ormai mi sembra sia chiaro a tutti, ma pur sempre facendo leva su una legislazione che, più volte ritoccata e interpretata, in funzione antipolitica, ha di fatto lasciato un ampio margine di discrezionalità nel giudicare i comportamenti del politico di turno. Non sono bastati infatti i limiti posti dai grillini in termini di cifra: nessuno può dare più di 100.000 euro all'anno alla politica. In America le grandi *corporation*, i manager importanti, le star del cinema, della musica, della tv versano milioni, anzi sarebbe disdicevole non dare a qualcuno dei candidati il proprio sostegno economico, sarebbe un segnale di disinteresse rispetto alla cosa pubblica, un gesto egoistico. Non solo, nel mondo della globalizzazione, nel nostro Paese sono vietati finanziamenti da soggetti esteri, come se questo garantisse il Paese da nefaste influenze provenienti da oltre confine: la Fiat poteva finanziare la politica finché la sua sede era a Torino, ma ora che ha sede ad Amsterdam non lo può più fare, anche se gli stabilimenti nel nostro Paese fossero rimasti gli stessi. Non basta che tutto sia pubblico e tracciato, cosa giustissima. Per evitare di essere accusati dal populista di turno di svendere la politica ai cosiddetti «poteri forti», per mostrare il pugno di ferro contro quei colletti bianchi carichi di presunti privilegi, si sono inventati reati come il voto di scambio o la vendita della funzione che non condannano un atto illegittimo da cui proviene un danno alla collettività, processano un modo di comportarsi, anche se questo non ha alcun riflesso sull'azione amministrativa. Anzi, per molti aspetti, la agevola.

Proviamo a spiegare: ci sono due imprenditori: uno finanzia la politica, l'altro no. Entrambi hanno interesse per una propria pratica amministrativa che langue da tempo immemore negli uffici burocratici di un ente. Entrambi chiamano il responsabile politico di quell'ente, che è stato eletto dai cittadini proprio perché ha promesso che nessuna pratica sarebbe più marcita tra le pile di scartoffie. Il politico chiama e si informa, sollecita gli uffici affinché, se la pratica è legittima, con tutte le firme al posto giusto, la si evada, sennò la si respinge e si dà una risposta a chi la attende.

Bene, le due pratiche, dopo l'intervento di sensibilizzazione, vengono entrambe approvate dai preposti uffici. Nulla è stato regalato a nessuno, gli occhiuti dirigenti, funzionari, controllori hanno apposto, uno dopo l'altro, i propri via libera. Risultato: l'imprenditore che ha finanziato la politica e il politico in questione, finiscono ai domiciliari per corruzione impropria, ovvero, anche se tutto regolare e dovuto nella pratica esaminata, il politico ha venduto, e l'imprenditore comprato, la funzione relativa alla carica pubblica.

L'imprenditore che invece non ha dato un euro alla politica, ottiene lo stesso interessamento, avrà la stessa pratica risolta, ma nessuna accusa. In pratica, se qualcuno finanzia la politica, perde il diritto a chiedere ciò che gli sarebbe dovuto. Chi, politico, accetta soldi per il proprio movimento, perde a sua volta il diritto di interessarsi a qualsiasi cosa attenga a uno qualsiasi dei suoi finanziatori.

L'esatto opposto di ciò che il diritto dovrebbe tutelare: la legge, e i magistrati che la applicano, dovrebbero verificare che il finanziatore non abbia in cambio dei suoi soldi atti illegittimi, non impedire che chi ha contribuito a tenere in vita il sistema democratico con i propri averi, finanziando un movimento politico, perda il diritto a far valere i propri interessi. Tanto più che finanziare i partiti, nel nostro ipocrita ordinamento, sarebbe addirittura un atto premiato tramite la possibilità di scaricare quelle somme dall'imponibile fiscale. Non servono grandi indagini per controllare la legittimità del finanziamento privato. Se una persona, costantemente nel tempo, decide di dedicare una parte delle sue risorse per sostenere una proposta politica, sicuramente non sta pagando una tangente a rate. Certo, chi eroga quel finanziamento lo fa perché ritiene il finanziato vicino ai suoi valori o anche ai suoi interessi, ma ciò non significa che si aspetti in cambio qualcosa di illegale, o, peggio ancora, che il rapporto sia illegale in sé a prescindere da ogni azione che ne scaturisca.

Il controllo di legalità sugli atti della politica non può andare oltre il controllo sulla legittimità e correttezza degli atti stessi, pena l'annullamento della funzione politica in quanto tale. Una pratica, regolare, nella forma e nella sostanza, non può essere messa in discussione, né tanto meno diventare un capo di accusa, altrimenti si mette in discussione la possibilità della politica di decidere e incidere, cancellando ogni potere attribuito dai cittadini con il voto proprio per far questo.

Nel caso di specie, quello che mi riguarda, il gruppo Spinelli finanzia la mia lista dal 2015, quando ancora non ero stato eletto governatore della Liguria. Anzi, il signor Aldo Spinelli nasce come sostenitore dell'altra parte politica, a me avversa. Come tanti altri, per fortuna, in questi nove anni di governo della regione, apprezzando quanto abbiamo fatto, ha spesso sostenuto anche le nostre campagne elettorali. Lo ha fatto molte volte, in tempi diversi ma, guarda caso, due volte in particolare sarebbero, per i magistrati, un reato di corruzione. Già non si spiega per quale ragione una persona che da sempre sostiene un movimento politico, all'improvviso dovrebbe subordinare quel sostegno a uno specifico obiettivo. Per quale ragione allora, precedentemente aveva donato denaro senza contropartita? E poi, cosa avrebbe avuto in cambio, nel caso specifico indicato dai magistrati? Una pratica regolare totalmente dovuta e regolare. E non perché lo dico io, perché così l'hanno giudicata tutti coloro che l'hanno impostata, lavorata, approvata, controllata. E così l'hanno giudicata, in effetti, pure i magistrati, perché altrimenti avrebbero accusato anche i dirigenti e funzionari che l'hanno fatta e approvata. E neppure si può dire che quella pratica abbia avuto più attenzioni di altre, che vi sia stata una discriminazione rispetto ad altri soggetti economici. Basterebbe ascoltare le mie conversazioni, tutte intercettate dall'estate del 2020, quindi un discreto campione statistico, basterebbe prendere la mia agenda in regione, pubblica, per rendersi conto che la stessa attenzione, le stesse riunioni, la stessa attitudine a sostenere ogni progetto di impresa nel territorio sono state riservate a tutti coloro che si sono rivolti a noi. Sfido a trovare qualcuno che possa accusarci di non aver dato attenzione e cercato, sempre nei confini della legittimità, di sostenere investimenti che portassero ricchezza e benessere al territorio. Che fossero finanziatori o meno della mia attività politica. Per me agevolare un'impresa a crescere è un interesse pubblico prioritario.

Le inchieste però mostrano i fatti solo da una prospettiva, quella di chi indaga. E quella diventa la verità, anche se non lo è. Se qualcuno raccontasse la vostra vita descrivendo solo la mattina in cui accompagnate a scuola uno dei vostri figli, facilmente potreste essere accusati, da chi ascolta, di una predilezione per quella particolare progenie. Basterebbe tuttavia osservare un sufficiente numero di mattine per rendersi conto che tutti i figli vengono accompagnati a scuola a rotazione. Un fatto, isolato dal contesto, anche se vero in sé, non sempre rappresenta la verità!

Ancora più ipocrita e giuridicamente abominevole, dal mio punto di vista, è il reato di «voto di scambio» o «corruzione elettorale» introdotto nella nostra legislazione. Come se la politica, soprattutto in democrazia, non fosse tutta uno scambio, come se il cittadino non scegliesse, legittimamente, il proprio voto sulla base della contropartita attesa e della propria convenienza. Anche in questo caso, gli esempi si sprecano: chi ha un lavoro dipendente voterà chi promette di abbassare il cuneo fiscale, lasciando più soldi nella sua busta paga, chi viceversa ha una piccola attività in proprio, voterà per chi promette di ridurre o forfettizzare le tasse alle imprese fino a un certo fatturato, chi ha molti immobili voterà per chi cancella le imposte sulla casa, e così via. Perfino chi ha commesso un illecito, come un'evasione fiscale o un abuso edilizio, sceglierà il partito che promette condoni relativi a quelle fattispecie di reato, oppure pratiche semplificate e meno onerose per sanare i propri vizi. Si tratta di veri e propri scambi, basati su promesse di specifiche utilità personali o per determinate categorie di cittadini, in cambio del sostegno nelle urne. C'è perfino, ed è forse il caso più eclatante, chi ha promesso uno stipendio a chi stava a casa senza lavorare, nella repubblica fondata sul lavoro per Costituzione. Il famoso reddito di cittadinanza dei grillini infatti altro non è che un gigantesco voto di scambio. Il risultato è stato evidente: quel partito, forte di quella promessa, nelle zone a più alto tasso di disoccupazione del Paese ha preso più voti, perché, giustamente, dal proprio punto di vista, molti hanno scambiato quello stipendio con il proprio voto. Ovviamente hanno fatto il contrario coloro che, lavorando per portare a casa uno stipendio, non gradivano affatto che parte delle loro tasse andassero a chi restava sul divano di casa.

Tutto questo per dire che giudicare la politica sulla base

dello scambio tra promesse, programmi e consenso è qualcosa di particolarmente grottesco. Così come è surreale immaginare, salvo superare i limiti della già galoppante ipocrisia, un qualsiasi politico rispondere a normali sollecitazioni in campagna elettorale ostentando indifferenza o addirittura indignazione.

«Più case popolari?» «Ma va', ce ne sono anche troppe.» «Stipendi più alti?» «Figuriamoci, guadagnate anche troppo.» Queste sono, direte voi, rivendicazioni collettive. Bene, allora vediamo quelle individuali: «Mia suocera è malata, sta in una casa popolare, ma è in un piano alto senza ascensore. Nessuno ci considera, come posso fare per capire se si può cambiare alloggio?» La risposta normale di qualunque politico, di qualunque colore sarebbe: «Mi faccia avere un appunto, proverò a informarmi». Risposta moralistico-giudiziaria che non risulta esistere in natura: «Ma come si permette! Ci sarà un ufficio preposto, siccome lei mi chiede questo mentre partecipa a un evento della mia campagna elettorale, sa che se io anche solo chiedessi un'informazione, saremmo indagati per voto di scambio entrambi!» Allora se qualcuno ha mai sentito una simile risposta, lo dichiari, perché sarebbe una scoperta degna del Premio Nobel. Eppure, le leggi che una pletora di parlamentari con cassetti pieni di raccomandazioni e curricula hanno scritto e approvato si prestano ad ambigue interpretazioni in tal senso. Nessuno ha difeso il ruolo e l'autonomia della politica, che pure rappresentava con la sua carica.

C'è stato anche questo nell'inchiesta: una accusa di voto di scambio. Tra le molte comunità che un candidato incontra – per inciso, incontra per ascoltare e dare risposte, se può, ai loro bisogni – durante la campagna elettorale del 2020 ci furono quella calabrese, quella lucana, quella dei lavoratori frontalieri con la Francia, le comunità degli stranieri residenti in Liguria e poi, per non farla lunga, quella dei cosiddetti «riesini». Una comunità organizzata in tutta Italia a cui appartengono cittadini immigrati da Riesi, centro siciliano, e che restano in contatto tra loro per tenere vive le proprie tradizioni, ma anche per mutualità, reciproco sostegno e aiuto. Sono rappresentati da persone incensurate, che anzi lavoravano in un'altra regione per la pubblica amministrazione. Hanno pagine Facebook e Instagram. Bene, queste persone, su sollecitazione di un onorevole, ci contattarono per dare il loro supporto alla nostra elezione. Avevano sempre votato per il centrodestra e a Genova esiste un piccolo nucleo di quella comunità. In realtà non molto ampio, come dimostrarono poi i voti, non proprio determinanti, in un quartiere della città. Come tutte le comunità furono incontrate da noi. Come tutti coloro che incontri, specie se rappresentanti di comunità di immigrati da altri territori, chiesero un po' di attenzione. Cosa? Semplice: «Il nostro gruppo» ci dissero «rappresenta persone che arrivano da una terra lontana, spesso con bassi tassi di scolarizzazione, con scarsa capacità di rapportarsi con la complessità degli uffici pubblici. Tanti ragazzi sono disoccupati perché non sanno neppure come e dove chiedere un lavoro». La risposta, direi scontata, banale, è stata quella che avrebbe dato chiunque: «Be', faremo quel che si può per darvi una mano. Se veniamo a sapere che qualcuno cerca manodopera, magari vi diciamo dove presentare un curriculum». Per altro, in questo momento, in Liguria, grazie a un'economia in espansione, c'è più offerta che domanda di lavoro, specie per professioni faticose e stagionali. «E, se avete qualche difficoltà a raffrontarvi con la pubblica amministrazione per qualche pratica, fateci sapere, se possiamo vi daremo una mano. Ovviamente tutto all'interno della legalità.» Ora, è evidente a tutti che, se in cambio del famoso sostegno dei «riesini» questi avessero scalato concorsi pubblici, a discapito di altri concorrenti, scavalcato graduatorie per case popolari o altro attinente al settore pubblico, ci sarebbe indubbiamente stato qualcosa da dire. Nulla di tutto questo è successo. Il famoso scambio consiste nell'aver suggerito a un'azienda che cercava personale, senza trovarlo, di rivolgersi a quei signori che dicevano di avere giovani liberi e volenterosi. Azienda privata, contratti privati, anzi, contratti mai neppure fatti perché non risultano agli atti assunzioni, sia pure al di fuori del perimetro pubblico. 380 voti su 380.000 presi come candidato governatore. Voti che, per l'accusa, sarebbero stati determinanti nella vittoria!

Il mio caso personale, quello degli altri indagati in questa inchiesta, le molte indagini che hanno preceduto quella di Genova, mi rafforzano un'unica convinzione: l'unico voto di scambio legalmente imputabile come reato è quello che porta con sé uno scambio illecito: se, in cambio del voto, trucco un concorso pubblico, falsifico il risultato di una gara di appalto, agevolo e produco un qualsiasi atto che sarebbe illegittimo, commetto un reato. Ma non abbiamo bisogno del voto di scambio per sanzionare quelle tipologie di crimine. Esistono già fattispecie specifiche previste dalla legge: il falso, la turbativa d'asta, e molto altro. Anche con le aggravanti. Al contrario, se ascolto un cittadino, sia egli o meno un mio elettore, e lo metto in contatto con un ufficio pubblico per il disbrigo di una pratica, oppure, anche di più, ritenendo che quel cittadino abbia un diritto che l'amministrazione non gli riconosce, sollecito un'ulteriore verifica e una pronta risposta, non faccio altro che il mio dovere di rappresentante dei cittadini eletto. E se questo è anche un mio elettore, che male c'è? Lo stesso vale se, al di fuori delle regole del lavoro pubblico, un politico, venuto a conoscenza dell'esigenza di manodopera di un soggetto privato, si adoperi per far sapere, a chi gli ha manifestato la necessità di lavorare, questa opportunità, non capisco davvero quale sia la colpa da punire. Quale il danno alla collettività? Sarebbe casomai colpevole il contrario, l'indifferenza nei confronti dei bisogni dei cittadini.

Un'ultima riflessione in questo capitolo la meritano le normative speciali antimafia. Anche in questo caso parto dal particolare per una riflessione più generale, visto che nell'inchiesta di cui vi ho parlato poc'anzi vi è anche l'aggravante mafiosa per un mio collaboratore.

Nel caso di specie l'aggravante consiste in ciò: un signore, lontano cugino di un mafioso in carcere in Sicilia che non vede da tempo, fa parte della comunità «riesina». Questo signore ha una figlia e questa figlia un fidanzato. Nelle conversazioni intercettate tra gli appartenenti alla comunità, questo fidanzato appare tra coloro che necessiterebbero di trovare un lavoro, da operaio, o casellante alle Autostrade, e i rappresentati dalla comunità «riesina» dicono tra loro che, ove ci sia una opportunità, proveranno a presentare anche il suo curriculum. Detto che il signore in questione, diciamo il cugino del mafioso e probabile futuro suocero del disoccupato, quando ha saputo tutto ciò si è indignato per il fatto di essere stato indicato come sostenitore di Toti: lui è sempre stato di sinistra, sindacalista e mai ha votato un candidato di centrodestra. D'altra parte trattandosi di un dirigente della Fiom-Cgil, questo era immaginabile anche senza grandi inchieste. Inoltre, al Tribunale di Genova, il signore in questione ha vinto un paio di cause contro alcune persone che lo avevano diffamato, definendolo mafioso.

La famosa comunità riesina, certamente un po' folcloristica, anche sguaiata e talvolta insistente e inopportuna, tutte caratteristiche socialmente non encomiabili, ma che non attengono al diritto penale, è scomparsa dalle vite di chi ci aveva avuto a che fare durante la campagna elettorale in modo tutto sommato facile: sono stati bloccati su WhatsApp per evitare fastidiosi messaggi e in generale sul cellulare.

Ora, già solo questo direi che possa valere come prova della inesistenza della mafia in tutta questa vicenda: se bastasse, per arginare Cosa Nostra e le sue pretese, bannarla dai social, il Paese si sarebbe risparmiato momenti drammatici. Ma proprio perché la mafia è una cosa drammaticamente seria, per combatterla abbiamo affidato alla magistratura mezzi potenti, che scavalcano tante regole di garanzia per i cittadini che ci incappano, questi strumenti vanno usati, dunque, con grande prudenza, ponderazione, attenzione.

Giusto perché vi sia chiaro, proprio l'aggravante mafiosa legata al fidanzato della figlia del sindacalista che non ci ha votato ma ha un cugino in carcere in Sicilia, ha consentito le intercettazioni, la proroga delle stesse per ben tre anni, le autorizzazioni a continuare indagini all'infinito, pedinamenti. Così con il sistema dello «strascico», mese dopo mese, anno dopo anno, a forza di ascoltare, magari qualcosa che può assomigliare a un reato si trova, anche se non ha più nulla a che fare con il sospetto per il quale, anni prima, è iniziata la sorveglianza. Capite che questo è un sistema da stato di polizia.

E dalla inesistente mafia si è passati all'inesistente corruzione in porto, poi quella delle spiagge, poi Esselunga, poi in altri filoni con altri indagati l'isola Palmaria e il suo sviluppo turistico, e, infine, quei finanziamenti finiti, già anni fa, sui giornali di certa sinistra giustizialista grazie al dossieraggio romano dell'ufficiale della guardia di finanza, Striano, al servizio della Direzione nazionale antimafia di Cafiero De Raho, già magistrato, oggi parlamentare grillino. Troppo di tutto e troppo strane le troppe coincidenze.

Questa concatenazione di situazioni è diventata oggetto di un'inchiesta che da una ipotesi è saltata a un'altra, utilizzando intercettazioni, informative della guardia di finanza, pedinamenti, filmati, come filo conduttore che lega le presunte ipotesi di reato, spesso inventate da un fatto scoperto cercandone un altro. Una sorta di reality giudiziario dove in ogni puntata spunta una nuova accusa.

Anche in questo caso la colpa peggiore non è dei magistrati, che certo non hanno opportunamente usato la potente macchina che è stata loro affidata. La colpa è di una politica semplicistica e sempliciona che, alla continua ricerca di provvedimenti bandiera da gettare in pasto all'opinione pubblica, senza neppure accorgersene ha frantumato l'equilibrio su cui si basa lo Stato di diritto.

Lo Stato di diritto è strumento delicato da maneggiare, spesso ha a che fare con le garanzie proprio di chi finisce sotto accusa, di una procura, ma anche dell'opinione pubblica. Lo Stato di diritto è il contrario dei muscoli e delle decisioni di pancia. Ma è la conquista che la politica dovrebbe proteggere e preservare sopra ogni altra, perché altrimenti è la politica stessa a non esistere più.

4
Il riscatto della politica

Tra integrità morale e moralismo

C'è una abissale differenza tra l'integrità morale, indispensabile per fare politica e assumere scelte anche difficili, e la morale, anzi il moralismo applicato alle singole scelte e alla politica nel suo complesso. L'integrità morale conferisce a chi fa politica la chiave di lettura dei fatti e del mondo, secondo quelli che sono i suoi principi. Indica gli obiettivi da raggiungere, consente di scegliere le singole azioni che, nel loro insieme, costruiscono il disegno di bene comune a cui il modello si ispira. L'integrità morale fornisce gli schemi con cui si sceglie per il male minore o lo scopo superiore da conseguire. Sono i principi cardine del riformismo, di ogni colore, antitetici a ogni dottrina massimalista, che quasi sempre coincide invece con il moralismo, con l'etica astratta e non con la realtà elevata a cardine di ogni scelta. E se la realtà non si adegua, peggio per la realtà.

Sono due mondi antitetici. Spesso il massimalismo, che grida ricette e slogan immediati e di forte presa moralistica, ha nel breve periodo maggiore successo del riformismo, ma se si guarda alla storia, ha sempre prodotto disastri sociali ed economici. Perché l'impostazione moralistica pretende una sola verità dominante.

La socialdemocrazia occidentale, passo dopo passo, ha

prodotto più diritti e più giustizia sociale, venendo a patti con le regole di mercato più di quanto non abbia fatto il socialismo reale con le sue dittature. Oggi, la sinistra, quella del cosiddetto «campo largo», mi sembra orientata verso il moralismo spinto: una volta i partiti laburisti avevano la cultura del lavoro, oggi questa alleanza ha le sue fondamenta nella cultura del sospetto verso chi lavora e si impegna. I partiti conservatori, liberali, popolari, custodi del primo modello a cui accennavo, hanno in generale avuto il merito di far crescere il benessere complessivo del sistema. I modelli moralistici, di destra o di sinistra che siano, si sono rivelati fallimenti economici, politici e, alla fine, anche morali, allontanando, con le proprie scelte, gran parte dei cittadini dal benessere. Con la finalità di dare a tutti in ugual misura, per un mal interpretato senso di equità, non hanno dato nulla a nessuno, tranne forse alle proprie classi dirigenti. E anche i Paesi dove rimane salda un guida politica massimalista e di impronta etica, hanno dovuto piegarsi alle regole del mercato e del pragmatismo per crescere, abbandonando ogni velleità ugualitaria e spingendo invece i cittadini verso il mercato e la sua competizione. La Cina è il caso di scuola, ma non il solo.

Il populismo di questi anni nasce dal modello moralistico ed etico del passato, rimpastato con nuova ricetta. Il populismo affonda le sue radici nel moralismo: questo approccio, pur conquistando talvolta ampi consensi, impedisce poi una azione di governo utile per i cittadini. I movimenti populisti si presentano alle urne promettendo agli elettori di realizzare quel che la pancia sente come «giusto» in un dato momento, costi quel che costi, senza tenere in conto i vincoli posti dall'economia, dai conti pubblici, dal mondo globalizzato.

I movimenti politici di stampo riformista, messi spesso

all'angolo nell'ultimo decennio, propongono, al contrario, un modello possibile. Senza abbandonare quel rigore morale dato dall'interesse pubblico, hanno il coraggio di elaborare ricette che tengano conto della realtà, dei vincoli posti dal sistema internazionale, delle leggi dell'economia. Forse qualche esempio ci aiuterà a capire: chi non si indigna davanti alle ingiustizie del mondo? Produce in tutti un sentimento di disagio vedere crescere insieme le sacche di povertà e i privilegi di pochi. Tutti di fronte alle disuguaglianze del mondo provano un senso di ingiustizia, ma quello che fa la differenza è la reazione a queste ingiustizie. Perché, molto semplicemente, la storia ci dice che spesso, l'uomo, per sconfiggere una ingiustizia, ne ha prodotta una maggiore.

Di fronte a queste disuguaglianze il moralista-populista, che acquista spesso anche una connotazione pauperista, propone di intervenire sul lato del binomio ricchezza-povertà sfruttando il messaggio più semplice: calmieriamo la ricchezza, con tasse, espropri, patrimoniali. Un messaggio moralistico, appunto: per punire chi sta bene, si finisce per far stare peggio chi già stava male. E allora, visto che la ricetta economica non funziona, serve l'aggiunta dell'etica del discredito e del disprezzo verso chi si gode i suoi soldi liberamente. Vi ricordate i manifesti: «Anche i ricchi piangano» dei Comunisti italiani? Così facendo, spesso, si sono raccolti gli applausi, soprattutto di coloro che, standо peggio, finiscono per essere la parte maggiormente danneggiata da queste politiche errate. Perché il consumo in generale, e, nelle economie avanzate, in particolare il consumo di beni di alta qualità, è il modo più efficace per ridistribuire il reddito tra cittadini. Se un cittadino benestante, ma lo stesso ragionamento può essere parametrato su ogni tipo di consumatore, vedrà punita dalla politica la propria propensione a spendere, ovviamente lo farà di meno, accumulando risparmio. E il risparmio produce poco in termini di crescita. Chi compra una barca, un'auto di lusso, chi fa vacanze, chi insomma spende i propri soldi in beni e servizi, produce lavoro: operai, artigiani, cuochi e camerieri, mediatori di ogni genere, insomma opportunità di reddito e, quindi, di crescita sociale. Visto che chi consuma vuole aggiornare spesso il prodotto o il servizio di cui dispone, ciò produrrà continua ricerca da parte delle aziende e, pertanto, più progettisti, ingegneri, creativi, ricercatori.

Vale il ragionamento esattamente opposto se la politica incentiva la propensione al risparmio invece di quella al consumo. Questo avviene normalmente tramite un combinato di politiche fiscali punitive accompagnate, o giustificate, da un clima di biasimo sociale e aspettative negative sul futuro. Se i cittadini, condizionati da politiche economiche sfavorevoli al consumo, anziché spendere il proprio denaro lo custodiranno trasformandolo in risparmio, quei soldi non alimenteranno né consumi, né investimenti, e dunque non produrranno né crescita né occupazione. A rimetterci, come sempre nelle fasi di stagnazione o recessione economica, saranno soprattutto le fasce più deboli della popolazione. Esse avranno un'opportunità di lavoro in meno, e in un mercato stagnante saranno assai minori, anche per chi avesse una occupazione, le opportunità di carriera, di poter cambiare in meglio il proprio lavoro, di veder crescere il proprio salario. A cascata, si genererà un'opportunità in meno per i propri figli, che non vedranno attivarsi quell'ascensore sociale che potrebbe portarli a diventare loro stessi consumatori importanti di beni e servizi, alimentando questo circolo virtuoso di crescita.

Insomma, nella decrescita, i ricchi restano ricchi, i poveri certamente resteranno poveri e l'osmosi tra i ceti si ferma. Le politiche di ridistribuzione e uguaglianza forzate, che avrebbero come scopo quello di annullare o almeno smorzare le disuguaglianze, per eterogenesi dei fini, portano invece a cristallizzarle.

Ora, senza essere Premi Nobel, è facile cogliere la differenza tra politica, economia ed etica.

Un uomo morigerato e parsimonioso è certamente eticamente apprezzabile, un modello per le politiche moralistiche di taluni movimenti e più in generale per una certa opinione pubblica. Al tempo stesso, questo stile di vita portato a modello può risultare meno utile per la crescita e il benessere collettivo. E addirittura controproducente per la mobilità sociale e le possibilità di evolversi delle fasce di popolazione più deboli economicamente. Al contrario, un uomo che consuma, anche quando lo facesse in modo smodato fin quasi allo spreco, suscitando biasimo morale dei benpensanti per il suo comportamento, sarebbe certamente meno apprezzabile nella visione etica comune, ma assai più utile alla crescita. Il suo denaro, infatti, alimenterebbe la produzione di beni, di servizi, dunque maggiore necessità di forza lavoro. La necessità di stimolare questa propensione al consumo con beni e servizi sempre nuovi spingerebbe le imprese a continui investimenti in ricerca e sviluppo, alimentando anche l'innovazione.

Allora, da tutto questo ragionamento, spero risulti chiaro il concetto che ho cercato di trasmettere: per la politica, portare a modello comportamenti sociali ritenuti dalla morale comune preferibili, quasi mai porta a risultati collettivi in economia altrettanto apprezzabili. È una delle ragioni per cui le politiche che tendono invece a valorizzare il mercato finiscono per produrre anche maggiore e più equo benessere diffuso, mentre le politiche che lo calmierano finiscono per ingessare la struttura sociale, a tutto svantaggio proprio di coloro, gli ultimi, che si voleva aiutare.

Insomma, sono economia e mercato a creare opportunità e crescita sociale, non la loro negazione. Una lezione che soprattutto certa sinistra non ha mai voluto imparare. Eppure, uno degli slogan più famosi in tal senso nasce proprio nel fronte progressista. Lo coniò lo stratega Jim Carville, nel 1992, per il giovane governatore dell'Arkansas Bill Clinton, candidato alla Presidenza degli Stati Uniti. «*It's the economy, stupid*», una frase che ancora oggi si stampa sulle magliette. Uno slogan con cui Clinton distrusse le aspirazioni di un secondo mandato di George Bush padre, reduce pure dalla trionfale Prima guerra del golfo. Clinton parlava a un'America spaesata e impoverita dopo il crollo del Muro di Berlino.

Alla classe media americana, e al suo rivale Bush, i comunicatori di Clinton mandarono un messaggio semplice: occupiamoci di far crescere la ricchezza e i problemi dei cittadini si risolveranno da soli. Clinton e Blair furono negli anni '90 il simbolo di una sinistra che parlava al mondo produttivo in grande cambiamento con la globalizzazione e che vedeva nella crescita della ricchezza la via per costruire un mondo più giusto. Direi una lezione andata totalmente perduta nei loro successori di oggi, almeno in Italia. Forse si intravede qualcosa nel nuovo leader laburista britannico, appena diventato primo ministro.

Ho voluto affrontare il tema della differenza tra etica e morale dal punto di vista tutto sommato più semplice: quello dell'economia e del benessere collettivo, che dipende, in ultima analisi, dalle risorse materiali a disposizione della gente.

Avrei potuto affrontare lo stesso tema da punti di vista

ancora più complessi. Il pacifismo ad esempio: la risposta per l'etica a un attacco armato è l'indignazione morale, per chi fa politica non può essere che un contrattacco proporzionato, perché nessuna invasione è mai stata respinta con l'indignazione. Il pacifismo senza se e senza ma è un magistero morale stimabile, ma un'azione politica deleteria per chi vuole difendere il diritto internazionale e la sovranità dei propri cittadini. E ancora: è giusto che un Paese che crede nella pace, produca e venda armi nel mondo? Oppure che utilizzi una quota della sua ricchezza per finanziare un esercito moderno ed efficiente? Per una parte della morale, certamente no. Quante manifestazioni abbiamo visto sfilare al grido: «Meno soldi per le armi, più soldi per sanità, scuola, ambiente!» Eppure, la possibilità di raggiungere quella società migliore che chiedono quelle piazze ha proprio il suo prerequisito nella capacità di difesa offerta da un esercito efficiente, che protegga il nostro sistema di vita. «*Si vis pacem*» dicevano i Romani «*para bellum.*» Stressando il concetto: se vuoi vivere in pace, devi essere sempre pronto alla guerra, solo così eviterai intromissioni nei tuoi confini e nei tuoi valori. Potremmo andare avanti all'infinito. Chi è un terrorista e chi un combattente per la libertà? Qual è il discrimine? È giusto ribellarsi a una dittatura se la ribellione costa più vittime della dittatura stessa? Sono domande che incrociano etica e politica da sempre. E non sempre la risposta che istintivamente sentiamo come giusta è anche la soluzione migliore per la vita della comunità.

La verità è che la politica parte dalla realtà delle cose, dalla realtà raccoglie le sue domande e nella realtà deve applicare le sue soluzioni. La morale e l'etica impongono alla realtà le proprie risposte. E se la realtà non si adegua, peggio per la realtà. Un approccio moralistico ai temi della realtà ha prodotto, negli ultimi anni, un effetto non secondario: la brevità dei cicli politici. Eravamo abituati a lunghissimi periodi della politica: la Prima repubblica, inchiodata dalle ricette che si confrontavano di qua e di là dalla Cortina di ferro. Poi la Seconda repubblica, quasi un trentennio, per lo più dominato dalla discesa in campo di Silvio Berlusconi. Una fase che ha visto germogliare, con i semi piantati nella stagione di Mani pulite, la prima contrapposizione tra politica e morale nel nostro Paese. Non più due ricette economiche, ma la politica da un lato, alla ricerca di soluzioni pragmatiche per un mondo che cambiava dopo il crollo dell'Unione Sovietica, e la magistratura autoproclamatasi custode non solo della legge ma della morale.

Già nella Seconda repubblica si intravedeva quel che sarebbe successo poi, con il movimento grillino e i populismi esplosi negli ultimi anni. Già negli anni Novanta, complice il clima di Mani pulite, i partiti inserirono nei propri programmi elementi qualunquisti, moralisteggianti, capaci di strizzare l'occhio al popolo delle monetine dell'hotel Raphael contro Craxi e alle folle inneggianti le manette di Di Pietro. Pensare che oggi lo stesso Di Pietro, nelle sue interviste, è diventato un difensore dei diritti e delle garanzie, dà l'idea di quanto ci siamo spinti oltre sulla strada che pure lui stesso ha segnato.

Allora però, forze politiche nei due campi opposti avevano mantenuto una certa sobrietà nei loro programmi e nelle loro promesse, senza trascendere totalmente dal principio di realtà. Un purgatorio a varie tinte veniva proposto agli elettori, descrivendo il progetto altrui come l'inferno, ma serbando il paradiso per momenti migliori in un futuro più remoto. Lo iato tra le promesse, calmierate dalla lettura della situazione reale, e le attese degli elettori rimanevano all'interno di un perimetro tutto sommato accettabile, tale da rendere i protagonisti stessi di quelle promesse riproponibili al giudizio dei cittadini per quasi trent'anni.

Poi è arrivata l'epoca del tutto a tutti, del paradiso in terra. Dei diritti senza doveri. E se i grillini, in questo campo, hanno sicuramente il primo posto sul podio, tutti gli altri ci hanno messo del loro. La classe dirigente del Paese è diventata follower, da leader che avrebbe dovuto essere, e i social hanno prodotto, senza neppure ricorrere a costosi sondaggi, il menu che la gente voleva sentire, spaventata da cambiamenti economici e sociali senza precedenti. Ricette semplici, o semplicistiche, per un mondo sempre più complesso da spiegare e faticoso da interpretare. La politica del bianco o nero. La politica del paradiso per tutti e subito in campagna elettorale. Ma la realtà è tutta un'altra cosa. Così, promettendo un mondo facile contro una realtà complessa, i cicli politici sono diventati velocissimi, con elettori pronti a dare fiducia e a scaricare il leader e il partito di turno con la velocità di un tweet, se il post pubblicato non diventava subito realtà. Per seguire questa pulsione, la politica ha elaborato ricette sempre più semplici ed estreme, abbandonando i progetti complessi o faticosi. E il moralismo è sempre la risposta più facile: c'è la siccità? Più facile trovare un presunto colpevole per la rabbia della gente, che risolvere il problema con adeguate infrastrutture.

E così provarono a fare anche a Genova con il ponte crollato. Più facile costruire una ghigliottina sulle macerie e trovare un colpevole che ricostruire il viadotto e, con esso, la fiducia di una regione, lasciando ai tribunali la giustizia terrena e a Dio quella divina. Sulle sponde del torrente Polcevera, come se fosse una ideale linea del Piave, si sono affrontati due approcci: uno tutto teso a individuare le colpe, l'altro a trovare soluzioni. A Genova ha prevalso quest'ultimo approccio e io non dispero che possa prevalere anche in Italia nel futuro.

Ripartiamo dalla libertà

In fin dei conti sono due i concetti base intorno ai quali si può costruire il riscatto della politica e, con esso, il riscatto di un Paese intero. Il primo è il più alto e nobile di tutti: la libertà, fulcro del pensiero liberale, resuscitata nella Seconda repubblica di Berlusconi. Quello stato connaturato all'essere umano che precede il diritto positivo, che fa parte della natura stessa, che ci rende tutti diversi, e dunque non omologabili. Infatti, le politiche che tendono a comprimere la libertà per renderci più uguali, senza tenere conto che siamo diversi, per forza, per intelligenza, intraprendenza, gusti, hanno prodotto negli anni danni inenarrabili.

La libertà porta con sé un ulteriore concetto, utile al riscatto: l'ambizione. La politica deve stimolare l'ambizione al meglio, non l'appiattimento sulla media. Perché l'ambizione e i risultati raggiunti anche da una singola persona possono trascinare il benessere di molti altri. Se sono un imprenditore ambizioso, vorrò un'azienda sempre più grande, e dunque darò più lavoro, se sono un professore ambizioso, vorrò formare gli studenti migliori, dando al Paese una classe dirigente più preparata e competitiva, se sono medico, vorrò curare al meglio e inventare nuovi approcci clinici all'avanguardia. Stimolare l'ambizione al meglio nella società non è difficile, ma spesso è impopolare. Misurare gli obiettivi assegnati, altrettanto. Ogni attività umana ha un'unità di misura, usabile per valutare il successo nel raggiungere l'obiettivo. Normalmente nelle società capitalistiche è il denaro, in altri casi, come la politica, il potere di incidere sulla realtà, nella ricerca, l'originalità e l'utilità della scoperta. Allora se i risultati si misurano in denaro, o con altre unità di misura, occorre stimolare l'ambizione con quella unità di misura. È semplice: se un professore ha l'aula piena e i suoi studenti sono contesi dal mercato appena finiscono il ciclo di studi, be' quel professore non potrà avere gli stessi mezzi a disposizione o essere trattato economicamente come un altro collega con minori risultati. Se un medico è un luminare ricercato ovunque, non può essere equiparato al collega primario che passa i pomeriggi a pesca e poco ha dato al mondo di Ippocrate. Se un dipendente sacrifica i fine settimana con la famiglia per mettersi a disposizione della propria azienda, non avrà lo stesso trattamento di carriera di chi sceglie, legittimamente, di usare il proprio tempo per coltivare i propri hobby.

Si chiama libertà appunto. Considerare le persone uguali perché fanno lo stesso lavoro, pur facendolo in modo diverso, è una interpretazione sbagliata dell'uguaglianza. Per la verità è un'ingiustizia. L'uguaglianza, perché una società funzioni, può essere solo quella delle opportunità, non quella dei risultati finali. La libertà e l'ambizione fanno crescere la società nel complesso. Come la lepre stimola alla corsa i segugi. Ci sarà sempre un segugio più veloce degli altri, è la natura, ma tutti correranno un po' di più emulando chi li precede. Tutto quello che si produce in più in termini di ricchezza, grazie a questi stimoli, alla fine sgocciolerà dall'alto in basso verso chi è rimasto indietro. Costruire un sistema che faccia correre tutti più piano, spacciandolo per un sistema maggiormente equo, in realtà produce un danno proprio agli ultimi e più fragili, perché ci saranno meno risorse e meno opportunità proprio per loro. Il secondo principio è il collegamento tra diritto e dovere, unito al concetto di non contraddizione, che da Aristotele in poi dovrebbe essere acquisito nel ragionamento razionale. Questo principio mette il governante, ma ancora prima il cittadino, davanti al concetto chiave che non esiste una scelta univoca, senza una sua conseguenza. Come non esiste un'azione che non comporti una reazione. Dunque, non si può promettere o pretendere una cosa, senza tenere conto di cosa ciò comporta in termini non solo di beneficio, ma anche di costo. Facciamola semplice: se voglio una regione con tante infrastrutture, strade, ferrovie, aeroporti, porti, devo sapere che per farli sopporterò i disagi dei cantieri, anche se quei cantieri sono vicini a casa mia. Se pretendo di avere energia a costi accettabili, non mi opporrò agli impianti che servono per produrla, siano essi dighe o rigassificatori. Se voglio prezzi al dettaglio più bassi, stimolo la concorrenza, anche se questo può significare il sacrificio delle imprese meno efficienti. E potremmo andare avanti all'infinito: se la moderna medicina e il benessere diffuso ci consentono, e per fortuna, di vivere tutti di più e in buona salute, non potremo andare in pensione quando ci andavano i nostri nonni, o bisnonni, che campavano assai meno. O andarci con gli stessi soldi.

Ancora, se facciamo meno figli, e vogliamo continuare a crescere come demografia e dunque anche come economia, dovremo decidere dove prendere i nuovi lavoratori, e anche i nuovi cittadini-consumatori. I Paesi in espansione fanno così. Lo *ius soli* è nato come premio per chi decide di andare a vivere e lavorare in un Paese con una forte crescita economica e pochi cittadini: vieni qui, lavori, cominci dal basso, se sarai bravo questo ti consentirà di eccellere e i tuoi figli nati qui saranno cittadini del Paese che hai contribuito a far crescere. È il modello degli Stati Uniti d'America.

Ognuno degli esempi che ho fatto comporta una scelta

della politica e, in ultima analisi, in democrazia, dei cittadini. Quello che non si può fare, in politica, è pretendere o promettere due alternative confliggenti: vivere di più e andare in pensione prima, lavorare di meno e guadagnare di più ecc. La politica è piena di questi esempi. Vuoi energia tutta verde e la vuoi subito? Pagherai di più, sopportando il costo anche sociale. Ciò può avere, specie sulle fasce più deboli, una transizione ecologica accelerata. Vuoi autostrade a quattro corsie? Può accadere che lo svincolo sia vicino a casa tua. Vuoi il 5G sul tuo telefonino ovunque? Non ti opporre ai tralicci della telefonia. Si può vivere anche senza telefonino, ma si deve essere consapevoli di cosa comporta in termini di produttività, crescita del Paese, comodità personali. E di quali opportunità ci priviamo.

Ho fatto questa serie di esempi per spiegare, con semplici concetti, quali sono stati i pilastri del nostro pensiero in Liguria. Le fondamenta della nostra politica. Un tentativo non solo di cambiare un territorio, ma di costruire un esempio per il Paese. Un modello che recuperasse il meglio della Prima repubblica, quello spirito di sacrificio con cui i nostri nonni hanno ricostruito il nostro Stato in pochi anni dopo il devastante conflitto mondiale. Questo approccio, unito a quei provvedimenti legislativi, ispirati da norme come la «legge obiettivo» del secondo governo Berlusconi che ha consentito all'Italia di avere oggi l'alta velocità ferroviaria, scavalcando i veti di tutti i «comitati del no» che proliferano nel Paese. Fosse stato per quei Comitati, che ancora oggi presidiano la Val di Susa, non solo non avremmo i treni veloci, ma neppure il gas per scaldarci e cucinare dopo l'inizio della guerra russo ucraina. Vi ricordate la protesta contro il gasdotto Tap in Puglia? Somiglia molto a quella sul rigassificatore di Savona nella mia Liguria. Peccato che chi protesta neppure sappia che se oggi paga di meno la corrente elettrica è proprio perché le sue proteste non sono state ascoltate.

La politica, le imprese, la crescita

Se le imprese svolgono una funzione sociale, come riconosce anche la nostra Costituzione, ogni attività imprenditoriale porta con sé un interesse privato, motore della crescita economica, ma anche un interesse pubblico, nella consapevolezza che senza impresa privata non c'è benessere, non c'è lavoro, non c'è crescita, non c'è innovazione, non c'è crescita sociale. Ancora oggi c'è chi crede che la ridistribuzione della ricchezza sia il principale compito della politica. Chi lo crede, lo fa sulla base di un male interpretato principio morale secondo cui produrre ricchezza privata non è un valore collettivo, ma una attività puramente ed esclusivamente individuale e potremmo dire egoistica. Pertanto, uno Stato eticamente giusto si sporca le mani il meno possibile con questa attività meno nobile dell'agire umano, ma al contrario, ne calmiera i risultati, da un lato con una occhiuta attività di controllo, dall'altra con una solerte opera di ridistribuzione. Ovvero, il compito alto e nobile della politica non sarebbe produrre ricchezza, a quello pensa l'egoismo umano, ma intercettare semmai i frutti dell'egoismo e ridividerli in maniera più equa. Peccato che questo modello in economia non abbia mai funzionato. Tuttavia, vi è una pulsione intellettuale quasi insopprimibile in parte della intellighenzia, che considera questo spirito ugualitario di protezione sociale eticamente apprezzabile, rispetto alla spinta individualistica di chi cerca il successo personale in qualsiasi campo. Facciamo un esempio così ci capiamo: si tende a riconoscere maggior credito sociale al medico volontario in Africa che al ricercatore del colosso farmaceutico ben pagato. Eppure, inventando un nuovo brevetto, una nuova cura, il ricercatore, producendo un vantaggio economico per la propria impresa e per sé, produce anche un vantaggio collettivo per un numero di persone ben superiore a quelle che il volenteroso volontario potrà assistere. Una dimostrazione evidente che, assai spesso, un'azione collegata a un interesse personale, quasi egoistico, può produrre benefici collettivi assai maggiori di una buona azione limitata nello spazio e nel tempo.

D'altra parte, dai tempi di Adam Smith questa è «la mano invisibile» del mercato: non è dalla benevolenza o dalla generosità del fornaio che ci aspettiamo il pane con cui nutrirci, ma dalla cura che egli pone al proprio interesse economico, ovvero vendercelo. Lungo questa dicotomia tra ricette economiche, corre lo spartiacque sul quale si dividono ricette politiche che restano profondamente alternative anche dopo il crollo del Muro di Berlino e il fallimento di ogni tipo di economia pianificata, ostile alle leggi del mercato. Da un lato del crinale troviamo chi parla a un popolo che è convinto, nel suo complesso, di non essere parte della classe dirigente e non crede neppure che l'ascensore sociale riuscirà a cambiare le cose, individualmente e collettivamente. Quel popolo, anzi, è convinto di dover essere protetto da chi detta le regole del mondo: nessuno di loro ritiene probabile, o anche solo possibile, la scalata propria o dei propri figli, ai gradini più alti dell'economia, dell'impresa, della politica, della scienza. Né fa parte della sua indole l'irresistibile tentazione di provarci, di mettersi in gioco. Prevale un sentimento legato alla paura di rischiare quello che si ha, alla sfiducia, semplicemente alla pigrizia. Anzi, cova una sfiducia complessiva verso chi ce l'ha fatta, alimentando una narrazione infarcita di retroscena, sospetti, talvolta intrighi, certo di diffusa illegalità, un panorama tale da giustificare la loro inerzia e la richiesta di protezione della politica. Una protezione giustificata da un ombrello di superiorità morale inesistente, ma tale da ammantare di un'aura etica una ricetta economica e sociale fallimentare.

È chiaro che coloro che, nel mercato della politica, mirano a conquistare il voto di questa massa, devono introdurre ricette di tipo ugualitario e conservativo: non la crescita, ma la ridistribuzione, non l'incentivo al merito, ma il calmiere dello stesso per appiattire le disuguaglianze, non la differenza di reddito improntata a una forte premialità, legata a impegno e capacità, ma quanto più possibile l'omologazione dello stesso, e potremmo andare avanti. È altrettanto ovvio che questa parte politica guardi al mondo della libera impresa, delle professioni, della finanza, cioè i motori della crescita, con il dovuto sospetto per chi, nel suo Dna, anela invece alla libertà assoluta.

Questa dottrina politica, che nel corso degli anni si è incarnata in varie filosofie, oggi trova la sua sintesi, il minimo comune multiplo, nella ammucchiata della sinistra del cosiddetto «campo largo» che rinverdisce i manifesti sui ricchi «che devono piangere» dei Comunisti italiani dei primi anni 2000, che si lancia nell'occupazione dei lidi privati, che considera le concessioni un furto, che individua in Briatore il prototipo del nemico di classe, che si oppone alla concorrenza e al mercato, sia esso quello dei grandi del web piuttosto che della grande distribuzione, che combatte per salari forfettizzati piuttosto che per premi incentivanti il merito e l'impegno.

Questa ricetta tende a non tenere conto delle regole del mondo, non fa tesoro delle lezioni della storia, che ha sempre collegato queste dottrine alla decrescita economica e dunque al peggioramento complessivo del tenore di vita della collettività. Questo è un tema inesistente, superato con un balzo logico dalla mirabile sintesi che mette insieme il termine «decrescita» all'aggettivo «felice»: non è il progresso materiale a far star meglio l'uomo, ma le sue virtù morali, la cancellazione dell'egoismo e dell'invidia. Peccato che la qualità della vita e le opportunità dell'uomo siano invece inscindibilmente legate al suo benessere materiale: più c'è ricchezza, più cresce l'aspettativa di vita, più sono le opportunità di sapere e conoscenza, più si amplia la libertà di scegliere grazie alle nuove tecnologie. Potremmo andare avanti a lungo.

Vi è poi chi pensa l'esatto opposto. La dottrina economica e politica che, facendo tesoro di quel tanto di darwinismo sociale congenito nella natura umana, ritiene che si debba garantire al sistema il massimo della libertà possibile, anche a costo di sopportare qualche ingiustizia, per consentire a chi vuole di scattare in avanti, di poterlo fare con il minimo dei vincoli. Questa ricetta si rivolge alla comunità umana che invece guarda alla vita e al futuro come a una competizione, e che, a quella competizione, sente di voler partecipare con l'idea di poter essere tra i vincenti. Per questo chiede a chi governa regole che traccino solo il campo e le regole del gioco, lasciando liberi i giocatori di coltivare le proprie ambizioni e le proprie eccellenze. Questo è il mondo dei liberali: se lavoro di più, guadagno di più, se studio di più, sarò assunto prima e farò più carriera, se voglio tenere aperto il mio negozio o grande magazzino ventiquattr'ore su ventiquattro lo farò senza regole. Con meno regole possibili a calmierare le capacità, l'impegno, la propensione al rischio.

Questa politica, che punta sul congenito desiderio umano

di migliorare la propria posizione, è quella che, nella storia, ha prodotto davvero maggiore crescita e benessere collettivi. E lo ha fatto per tutti, facendo sgocciolare la ricchezza prodotta su tutte le categorie sociali, anche verso coloro che non hanno partecipato, in prima battuta, alla produzione di quella ricchezza.

Non occorre essere un docente di storia contemporanea per verificare quello che sto scrivendo. Da Reagan alla Thatcher, da De Gasperi a Adenauer, tutti i leader politici che hanno garantito epoche di grande crescita ai propri Paesi lo hanno fatto, con varie sfumature culturali, incentivando il mercato e le sue regole prima di pensare a come ridistribuire il benessere prodotto.

Perfino la socialdemocrazia nelle sue espressioni più recenti ha riscosso i migliori risultati, economici e politici, quando ha guardato al mercato come fonte di progresso e non come ambiente ostile da imbrigliare con stringenti regole e occhiuta vigilanza. Basti pensare all'esperienza di Tony Blair in Gran Bretagna, ma anche a quella di Matteo Renzi in Italia, prontamente abbandonata da un partito incapace di proporre un corretto sinallagma tra diritti sacrosanti e doveri necessari a sostenerli.

Ancor più basti ricordare il grido con cui Deng Xiaoping, allora leader del più grande partito comunista del mondo, quello cinese, diede il via alla rivoluzione che fece di quel Paese la prima potenza economica del globo, con il maggior numero di miliardari e con una classe media che fino a pochi anni prima viveva di sussistenza nelle campagne: «arricchitevi» era lo slogan. E ha funzionato.

Ma se tanti politici hanno saputo teorizzare e introdurre ricette di crescita basate sul mercato, ancora una volta, devo dire che uno solo negli anni questa politica l'ha addirittura impersonificata, lasciando una impronta indelebile nella scena italiana, da sempre egemonizzata da idee sospettose verso chi ce l'ha fatta, verso la ricchezza e il denaro.

Quest'uomo è stato Silvio Berlusconi. Dalla sua discesa in campo, Berlusconi ha rappresentato e offerto all'elettorato un modello umano ancor prima che una teoria politica. Silvio Berlusconi, l'uomo della classe media milanese che grazie al suo impegno, la sua intelligenza, la sua capacità di rischiare era diventato uno degli uomini più ricchi del Paese, non era solo questo. Mediaset, l'azienda da lui fondata rappresentava (e rappresenta ancora oggi) tutte le virtù cardinali del mercato: la libertà delle tv commerciali, rispetto al monopolio pubblico della tv di Stato, il sogno di una vita migliore, raccontato dalla pubblicità, il pluralismo delle idee, legato alla creatività.

Io ho sempre creduto che la valanga giudiziaria e anche moralistica che si è abbattuta sul Cavaliere per trent'anni, derivasse più dalla necessità di distruggere questo modello culturale che non di contrastarne la sua vittoria politica. Più della contingente vittoria politica del momento, infatti, ha spaventato le élite intellettuali del Paese, il possibile consolidarsi di un modello così estraneo alla nostra etica, e pure alla nostra estetica, così alternativo all'egemonia degli intellettuali con busta paga sicura a fine mese, dei sindacati degli ugualitarismi, degli industriali imbarazzati dalla ricchezza e dal successo come se fosse una colpa da nascondere. Quello di Berlusconi era il mondo del successo meritato, e dunque esibito senza timidezze o vergogne. Da qui la necessità del discredito, permanente, di quel mondo, non solo della sconfitta contingente. Un sistema di valori, e di conseguenza di potere, quello antagonista al mondo berlusconiano, per sintetizzare il concetto, radicatissimo nella Liguria che trovammo ai tempi della nostra vittoria. Una visione del mondo diametralmente opposta non solo alla nostra politica, ma alla nostra visione antropologica della società e della vita. Un coacervo di interessi che ha combattuto ogni nostra idea di sviluppo e di società, da screditare e cancellare nel suo credito sociale ancor prima di sconfiggere nelle urne.

L'occasione dell'inchiesta ha offerto alla sinistra una sorta di rivalsa, come se l'ipotesi di accusa penale dei magistrati confermasse la bontà della loro critica sociale. Una teoria che abbiamo già sperimentato più volte in Italia: ciò che i cittadini approvano nelle urne, se non piace a determinate categorie sociali, deve trovare discredito altrove, per il bene stesso di quei cittadini che pure inconsapevolmente l'hanno apprezzato col loro consenso. Una sorta di tutela intellettuale spocchiosa, di cui la sinistra si è sempre considerata custode, anche in tempi recenti. Come le avanguardie del proletariato leninista erano custodi della verità del marxismo, e dunque indiscutibili custodi del potere. Sono però certo che la Liguria che abbiamo costruito in questi anni non accetterà di tornare indietro.

Conclusioni

Nell'ora più buia della mia vita, una vita per ora tutto sommato fortunata, in poche settimane ho scritto questo libro. Ho cercato di raccontare episodi significativi da cui ho imparato qualcosa, l'esperienza alla guida di una regione che abbiamo cercato di Governare, ma soprattutto di cambiare.

Ho provato a delineare i contorni dei peggiori difetti del nostro Paese e della nostra politica in particolare: l'ipocrisia, il moralismo, l'invidia, la mancanza di coraggio. Difetti che rappresentano la nostra vera zavorra. Attitudini diffuse contro cui alcuni si sono battuti e a cui la maggioranza si è adeguata.

Ho cercato di spiegare perché, chi offre il suo moralismo alle masse, promettendo attraverso questo il loro riscatto, in realtà le condanna a una maggiore marginalizzazione e povertà. Sulla scorta delle mie recenti disavventure, ho provato a dire la mia su quello scontro tra politica e magistratura che dura ormai da decenni in Italia. In realtà non si tratta di uno scontro tra poteri, quello sarebbe fisiologia del sistema. Si tratta di una vera e propria malattia endemica di alcuni poteri, in particolare quello legislativo e quello esecutivo, che hanno da troppo tempo rinunciato a svolgere fino in fondo il ruolo che compete loro in una democrazia.

Ho descritto quello che sono riuscito a fare negli anni

per cambiare qualcosa e il molto altro che resta da cambiare e mi auguro che qualcuno si incarichi almeno di provarci.

Ho tentato di mettere al centro di questo racconto alcuni concetti che talvolta possono apparire desueti, come responsabilità, impegno, merito, competizione, sacrificio. Credo siano i principali antidoti alle degenerazioni che ho descritto.

Ognuno rappresenta la propria storia, fatta dal Dna che gli è toccato in sorte, dagli esempi che ha ricevuto, dalle persone che ha incontrato, le avventure che ha vissuto.

Io ho raccontato un pezzo della mia vita, in particolare del mio lavoro, perché se mi giro indietro ricordo di avere quasi solo lavorato. Da quando mi offrivo volontario per i turni di Natale, Capodanno e Ferragosto nelle redazioni, all'ultimo mio incarico, quello in Liguria, per la quale non ho mai smesso un secondo di impegnarmi in nove anni consecutivi.

Non è stata una fatica: se ti piace ciò che fai, se sei convinto dei tuoi obiettivi, il lavoro è la cosa più piacevole del mondo. E va affrontato col sorriso. Le tante persone da cui ho imparato, dai miei primi direttori, al mio primo presidente Fedele Confalonieri, al presidente di tutti, Berlusconi, alla sua famiglia, a partire dai figli che più ho frequentato, Piersilvio e Marina, che, pur nati in un indubbio agio, non hanno mai dimenticato i propri doveri e la necessità di dare l'esempio, mi hanno insegnato che si può essere seri senza essere seriosi, si può essere giusti senza essere moralisti, si può essere rigorosi senza essere rigidi nei propri principi.

Ho conosciuto mia moglie sul lavoro, ed è stata la cosa migliore che il lavoro mi abbia mai dato. I miei amici sono i compagni che ho incontrato sui luoghi di lavoro, con cui ho condiviso successi e fallimenti che ci terranno uniti credo per sempre.

Il mondo non è bianco o nero, come qualcuno crede, è spesso grigio. E anche quando è nero come la notte, si deve sempre cogliere una sfumatura positiva, perché l'ottimismo è il motore del mondo.

Il tavolo dei miei vecchi amici è quello di chi ho conosciuto nella mia prima vita a Mediaset. Il tavolo dei miei nuovi amici è quello di chi mi ha accompagnato in questi nove anni: i compagni della politica, le ragazze del mio straordinario staff, guidato dalla mia portavoce, Jessica Nicolini, dal mio capo segreteria, Marcella Mirafiori, dal carattere estremo quanto la sua efficienza, un gruppo umano che non mi ha abbandonato un attimo, neppure quando forse sarebbe stato più conveniente farlo. Quasi tutte donne, molte di loro al mio fianco quasi dall'inizio della mia vita politica. Le ho viste fidanzarsi, lasciarsi, sposarsi, fare figli, occuparsi della famiglia, senza mai staccare l'attenzione dal lavoro. Ed è stato davvero un lavoro impegnativo anche per loro, senza orario e senza programmi.

Sono contento di essere riuscito sempre, anche in questo momento difficile, a rifuggire dalle cose che più odio, che considero il male dei mali, il vero tarlo che distrugge il nostro Paese: l'ipocrisia e la paura di dire la propria.

Sia nei rapporti umani, sia nelle relazioni sociali, sia in quelle politiche. Quella ipocrisia di chi ambisce a un ruolo, senza volersene assumere la responsabilità, di chi intuendo la strada giusta, la evita perché è più faticosa e meno popolare, di chi giudica gli altri, ma è indulgente con sé stesso, di chi pretende i riflettori, ma si dice timido. Chi sta a dieta, ma poi racconta di mangiare tantissimo e non ingrassare. Specie questi ultimi li odio particolarmente.

La paura è invece quel sentimento che semplicemente non ti consente di prendere le distanze dall'ipocrisia dominante.

Oggi non ce l'ho con i magistrati che mi hanno indagato. E neppure con quella politica e quei giornali che hanno raccontato e commentato questa storia con la loro ottica, falsata da quel moralismo di chi si sente, per paura, inadeguato a un mondo meno ipocrita.

Difenderò sempre la mia politica dall'accusa di essere disponibile verso chi fa impresa, investe e rischia. Lo farò ribadendo che chi lo dice ha perfettamente ragione. Lo considero un merito e ne sono orgoglioso. Se l'accusa è di aver ricevuto ogni singolo soggetto che voleva investire i soldi nella nostra regione, di essermi seduto al suo fianco, di avergli spiegato che ogni euro suo lo avrei considerato nostro e che la pubblica amministrazione lo avrebbe seguito e aiutato, passo dopo passo, allora mi dichiaro colpevole.

Sono reo confesso. Se qualcuno ci accusa di aver trattato in modo diverso i nostri interlocutori, discriminando tra impresa e impresa, dico che non solo è falso, ma è un'offesa e non ha capito affatto quello che abbiamo fatto in questi anni. Per noi ogni impresa è preziosa allo stesso modo, per la ricchezza che produce.

Se l'accusa è di aver chiesto a tanti, tantissimi cittadini, di sostenere la politica confesso che l'ho fatto. E credo anche sia un dovere per ognuno che lavora in questo Paese, e può farlo, dare il proprio contributo alla politica in cui crede.

Questa è una scelta di campo in cui non si può essere neutrali. E se qualcuno ritiene che la politica, per fare il bene comune, debba stare lontana da chi produce come il prete deve stare lontano dal peccato, dico che costui sarà un disastroso politico, come sarebbe anche un pessimo prete. Sarebbe un piccolo curato moralista, felice della sua chiesetta pulita, dove non entra un fedele in più.

Questo non è un libro contro la magistratura. I giudici, i pubblici ministeri sbagliano certo, anzi, hanno sbagliato molto e spesso nel passato. In buona fede, spesso, in malafede, talvolta. La colpa però non è loro. Questo è un libro contro certa politica che, girandosi di schiena, ha consentito il perpetuarsi di quegli errori: quella politica ipocrita che inneggia alle ineludibili riforme ma non è capace di farle, per non assumersene la responsabilità.

Soprattutto vuole essere uno sprone al riscatto, all'autostima della politica. Alla buona politica portata avanti, ogni giorno, con fatica, da migliaia di sindaci, assessori, governatori, consiglieri comunali e regionali.

Una delle più potenti democrazie del mondo non può essere governata da una classe politica che si svilisce al punto da non considerarsi degna delle prerogative che gli spetterebbero per storia e per necessità di equilibrio tra i poteri.

Lo dico soprattutto ai cosiddetti progressisti, in realtà i peggiori conservatori, scesi in piazza contro di me. Quattro giorni dopo quella piazza delle manette, il loro idolo, Kamala Harris, ha raccolto 200 milioni di dollari, tra gli applausi di chi considera in Italia un contributo elettorale come un reato.

Vi assicuro che per quei 200 milioni, quante cene e quanti yacht avrà frequentato la beniamina progressista anti Trump. D'altra parte, una volta ho letto anche un post, di qualcuno che era in quella piazza, che denunciava il presunto tradimento dei valori di sinistra perché la signora Obama era in crociera a Portovenere sul lussuoso yacht di Spielberg. Una colpa, secondo la morale di quel post.

Io dico: viva la signora Obama e Spielberg, soprattutto quando fanno le vacanze e spendono i loro soldi, guadagnati con film bellissimi, sul loro yacht in Italia!

Io continuerò a credere e a battermi per un'Italia diversa, una politica diversa. Da cittadino, da giornalista, da politico che ha provato a cambiare qualcosa. E qualche volta forse ci è riuscito.

In questo tempo libero, chiuso in casa, ho trovato sui social due frasi che credo possano chiosare questa lunga dissertazione, per chi ha avuto la pazienza di arrivare fino a qui.

La prima è di Sergio Marchionne. Il manager ricordava il suo arrivo in Fiat, appena divenuto amministratore delegato. Era pieno agosto e arrivò negli uffici di Torino deserti. La Fiat in quegli anni perdeva cinque milioni di euro al giorno. «Dove sono tutti?» chiese. L'unica persona trovata nelle stanze spiegò al manager con naturalezza: «In ferie, è agosto». La risposta di Marchionne fu: «Ma in ferie da cosa, dal momento che perdono cinque milioni al giorno?»

Questo per ricordare a tutti che il lavoro è un diritto, ma un diritto che deve produrre utili, non povertà. Non esiste un diritto al lavoro in perdita, perché, alla fine, non ci sarà più il lavoro, che si protesti in piazza o meno.

La seconda pare sia un proverbio arabo, attribuito a qualche emiro del miracolo economico. Dice così: tempi duri generano uomini forti, uomini forti generano tempi facili, tempi facili generano uomini deboli, uomini deboli generano tempi duri. È la catena della vita. Nulla di più vero. Il mondo del tutto a tutti, dei diritti senza doveri, rischia di trasformarsi nel tempo dei doveri senza diritti.

Noi viviamo tempi facili per l'impegno, la fatica, il coraggio di chi ha fondato questo Paese, lo ha difeso in guerra, ricostruito dopo la guerra. Vogliamo davvero essere quegli uomini deboli del proverbio che lasceranno ai propri figli tempi duri?

Epilogo

Proprio mentre stiamo correggendo le ultime bozze di questo libro, avviene qualcosa che francamente non mi sarei aspettato. Come sa chi si intende di diritto, è consuetudine per il «rito immediato» con cui dovrei essere processato per moltissimi capi di imputazione che la procura proponga all'imputato una soluzione alternativa. E l'accordo raggiunto tra i magistrati e l'avvocato Savi, a cui sarò sempre grato non solo per il lavoro che sta svolgendo, ma anche per l'equilibrio dei suoi consigli, è di quelli che ti invita a riflettere.

La stessa accusa infatti ammette che nessun euro è mai andato nelle mie tasche, che tutto quanto raccolto in termini di contributi è andato all'attività politica. Questo per me è fondamentale, perché la mia onestà personale non viene messa in discussione neppure dai procuratori.

A fronte di indagini ancora aperte su molti filoni di inchiesta, di quasi quattro anni di intercettazioni, controlli, pedinamenti, della prospettiva di almeno due, forse tre processi e di un numero di accuse vastissimo, che vanno dalla corruzione, al voto di scambio, dal finanziamento illecito al traffico di influenze, dalla corruzione elettorale al falso (addirittura per i vaccini del Covid), l'accordo con i magistrati prevede che tutte queste imputazioni cadano per sempre.

Resta una sola ipotesi di reato, la cosiddetta «corruzione impropria» o asservimento della funzione. In sostanza, le pratiche di cui mi sarei interessato sono legali e legittime, così come lo sono i contributi ricevuti dal mio movimento politico. Tuttavia, il collegamento tra le due cose, sebbene entrambe legali, si configura come un reato, di quei reati di ambiente, di contesto, di comportamento, dai contorni sfumati, introdotti ipocritamente da leggi interpretabili a discrezione.

Un'accusa difficile da provare al di là di ogni ragionevole dubbio, ma dalla quale è altrettanto difficile difendersi, proprio perché non si incentra su un fatto, un atto, un documento, ma su una situazione che ognuno legge dal proprio punto di vista e con la propria ottica. E anche con i propri pregiudizi e le proprie convinzioni ideologiche.

Dunque, la montagna, dal punto di vista giudiziario, ha prodotto un topolino, forse neppure quello. Quattro anni di inchiesta, gli arresti, la caduta del governo regionale, la prospettiva di decine di anni di udienze suddivise in più processi, una decina di capi di imputazione e un'ipotetica, possibile condanna a molti e molti anni di carcere: tutto si è risolto con una transazione. Restituiremo alcuni dei fondi versati al comitato e farò circa mille e cinquecento ore di volontariato da svolgere dove riterrò più opportuno nei prossimi mesi. Un patteggiamento tombale, che chiude ogni pendenza giudiziaria.

Ogni transazione produce due effetti opposti: l'amarezza per non aver perseguito fino in fondo quelle che si ritengono le proprie solide ragioni e il sollievo per aver trovato una soluzione che ne riconosce comunque una buona parte, senza per questo aver dovuto affrontare un percorso lungo decenni, umanamente, personalmente doloroso e dall'esito comunque incerto, come avviene sempre quando c'è di mezzo la discrezionalità umana.

Certo, avrei potuto immolarmi come martire, passare i prossimi decenni in un'aula di tribunale a lottare contro la gigantesca ingiustizia che ritengo di aver subito. Soprattutto contro la gigantesca ingiustizia che la mia regione, il voto degli elettori e la politica tutta hanno subito. Poi mi sono guardato intorno e mi sono chiesto: ma la politica, quella politica che ancora una volta ha subito l'intromissione di un altro potere dello Stato nei suoi confini, che fine ha fatto?

Francamente, con qualche lodevole eccezione e tranne qualche amico personale, nella politica ha prevalso quella ipocrisia di fondo che l'ha relegata nello spazio angusto in cui è rinchiusa. La vicenda ligure, le leggi coinvolte in questo caso, la loro indeterminatezza e interpretabilità, la mancanza di anticorpi a difesa della sovranità popolare, la discrezionalità lasciata ai magistrati sulle modalità di indagine, sull'applicazione di misure cautelari nei confronti dei rappresentanti eletti, avrebbero consentito al sistema di avviare un riequilibrio tra poteri sovrani e interrompere una ritirata che va avanti dai tempi di Mani pulite, passando per le leggi del governo Monti per arrivare alla deriva populista dei grillini.

Anche l'illustre giurista, ex giudice costituzionale, Sabino Cassese, che ringrazio per l'importante contributo che ha provato a dare, aveva sollecitato queste riflessioni, ai giudici, come alla politica.

La politica però ha preferito ancora una volta girare mezza testa dall'altra parte. A difendere un governo regionale che della capacità di fare, di decidere, come nel caso emblematico del Morandi, aveva fatto una bandiera, a difendere un sistema di finanziamento della politica liberale e trasparente, senza ipocrisie, di cui, per altro, tutti si sono giovati nella straordinaria stagione di vittorie che ha accompagnato i miei anni in regione, sono rimasti quasi solo alcuni giornali e qualche coraggioso editorialista, rappresentati simbolicamente in questo testo dall'amico che ha firmato la prefazione.

In questa situazione il processo altro non sarebbe stato che l'ennesimo, doloroso scontro tra attori non protagonisti. Un amministratore e i magistrati, con il vero protagonista, la politica, fermo a guardare al bordo del set l'evolversi di una brutta sceneggiatura, di cui porta le colpe, ma senza volersi assumere la responsabilità di modificarla.

Per quanto mi riguarda resta il titolo di questo libro. Senza alcuna reticenza, assumendomi meriti e colpe, se ve ne sono, confesso: ho governato. Le altre ammissioni e soprattutto ammende spettano alla politica tutta: per quanto tempo ancora, invece di difendere, compattamente, le proprie prerogative, inneggerà ai magistrati quando a essere indagato è un rappresentante dell'altro schieramento? Per quanto tempo starà ancora a guardare ministri indagati per rapimento, governatori sotto inchiesta per aver acquistato mascherine per i medici, presidenti di regione e sindaci eletti, travolti dalle accuse e assolti, candidati indagati per normali promesse elettorali?

Il campanello d'allarme suona da tempo, fino a oggi non c'è stata nessuna vera risposta.

Indice dei nomi

Ringraziamenti

Un grazie di cuore.

A Marco Pogliani: senza la sua amicizia e la sua capacità questo libro non sarebbe mai stato scritto.

Alla mia giunta e a tutti i consiglieri regionali che hanno contribuito a scrivere un pezzo della storia che ho raccontato.

E soprattutto.

A tutti i liguri che quella storia l'hanno resa possibile.

Indice

Finito di stampare nel mese di ottobre 2024
su carta holmen
con fibra vergine proveniente da foreste sostenibili holmen.com/paper
presso Grafica Veneta S.p.A.
Via Malcanton, 2 – Trebaseleghe (PD)
Printed in Italy

Certificato PEFC
Questo prodotto è realizzato con materia prima da foreste gestite in maniera sostenibile e da fonti controllate
PEFC/18-31-226
www.pefc.it

GRAFICA VENETA
CARBON NEUTRAL

Questo libro è fabbricato da Grafica Veneta S.p.A.
con un processo di stampa e rilegatura certificato 100% carbon neutral
in accordo con PAS 2060 BSI